AF274138

••• Títulos relacionados

HOTA0108 OPERACIONES BÁSICAS DE PISOS EN ALOJAMIENTOS

[DISPONIBLE CERTIFICADO COMPLETO]

*A mi alumnado y centros de formación,
sin cuya colaboración, esta obra no tendría sentido.*

Aprovisionamiento y organización del *office* en alojamientos

Juan Gutiérrez Valdemoro

Paraninfo

© 2025 Ediciones Paraninfo, S. A.
© 2025 Juan Gutiérrez Valdemoro

Edición y maquetación: Ediciones Nobel, S. A.

Impresión: Liberdigital (Casarrubuelos, Madrid)
ISBN: 978-84-283-7072-1
Depósito legal: M-5981-2025

Impreso en España

Autor

Juan Gutiérrez Valdemoro es diplomado en Turismo, licenciado en Ciencias del Trabajo, máster universitario en Educación y TIC y posee amplia experiencia en el sector turístico, dentro del cual ha desempeñado diversas actividades, especialmente en el sector hotelero. Desarrolla su labor profesional como consultor y formador en el sector turístico y de recursos humanos, con especial dedicación a la formación para el empleo y también como tutor y formador de diversos programas de teleformación.

Actualmente es docente de FP de la familia profesional de Hostelería y Turismo en la Consejería de Educación del Gobierno de Canarias.

Índice

Introducción normativa

La Ley Orgánica 3/2022, de 31 de marzo, de ordenación e integración de la Formación Profesional, contiene una disposición derogatoria única que afecta a la regulación de los certificados de profesionalidad, ahora denominados **Certificados Profesionales.** La referida normativa deroga la Ley Orgánica 5/2002, de 19 de junio, de las Cualificaciones y de la Formación Profesional, y abre un escenario de cambios que se irán implementando progresivamente.

La Ley Orgánica 3/2022, de 31 de marzo, de ordenación e integración de la Formación Profesional implica que toda la formación es acumulable. La oferta formativa se estructura de forma escalonada, siendo los Certificados Profesionales un nivel intermedio (Grado C) de una escala que va desde el Grado A hasta el E.

En los artículos 35 a 38 de la Ley 3/2022 se describe en qué consisten estos Certificados Profesionales: su oferta, formación asociada, estructura, duración, acceso, titulación y validez. Posteriormente, esta normativa se completa con lo dispuesto en el Real Decreto 659/2023, de 18 de julio, que desarrolla la ordenación del sistema de Formación Profesional. Concretamente en los artículos 67 a 81 es donde se hace referencia a la oferta formativa de Grado C, correspondiente a los Certificados Profesionales.

Están agrupados en 26 familias profesionales con características comunes del sector. En la actualidad hay más de medio millar de Certificados Profesionales incluidos en el Repertorio Nacional. Esta cifra no deja de crecer. Además, cada certificado está específicamente regulado por un real decreto.

Un Certificado Profesional corresponde al Grado C de la oferta del Sistema de Formación Profesional. Es un documento oficial, con validez en todo el territorio nacional y debe constar en el Catálogo Nacional de Ofertas de Formación Profesional, que certifica la capacitación para el desarrollo de una actividad profesional.

Debe detallar los módulos profesionales superados y los estándares de competencia profesional asociados a él e incluidos en el **Catálogo Nacional de Estándares de Competencias Profesionales**, así como su correspondencia con el Marco Español de Cualificaciones.

Despliegan su validez en un doble ámbito, laboral y académico:

- En el contexto laboral tienen validez profesional, porque acreditan las competencias en una determinada profesión. Para poder trabajar en algunas profesiones, se exigen determinadas cualificaciones, y los certificados sirven para acreditarlas.

- Asimismo, tienen validez académica, puesto que permiten continuar un itinerario formativo siempre que se cumplan los requisitos de acceso para cursar la titulación deseada. De tal modo que, los Certificados Profesionales que sean parte de un Grado D permitirán la matrícula modular para completar los módulos establecidos en el currículo y obtener el correspondiente título de técnico básico, técnico o técnico superior con validez en todo el territorio nacional.

Para obtener un Certificado Profesional (Grado C) es preciso cumplir con los requisitos de acceso para realizar la formación.

Estructura de los Certificados Profesionales

I. Identificación: denominación, familia y área profesional a la que pertenecen; nivel de cualificación profesional (1, 2 o 3); cualificación profesional de referencia; entorno profesional y módulos formativos que esté previsto cursar junto con la duración de cada uno de ellos.

II. Perfil profesional: incluye las competencias profesionales requeridas en el mercado laboral. En todas ellas se concretan las realizaciones profesionales y los criterios de realización.

III. Formación: describe los módulos formativos que esté previsto cursar para adquirir las competencias requeridas. En cada uno de ellos se indican las capacidades que se pretende alcanzar y la duración del módulo de prácticas no laborales —PNL—, para el que cabe solicitar exención si se cumplen determinados requisitos.

IV. Prescripciones de las personas formadoras.

V. Requisitos mínimos de espacios, instalaciones y equipamiento.

Los Certificados Profesionales se identifican con una denominación concreta y un código alfanumérico propio, y sirven para acreditar una determinada cualificación profesional. Cada certificado está asociado a una relación de unidades de competencia que, a su vez, se vinculan con una serie de módulos formativos específicos. Algunos módulos están integrados por unidades formativas y tanto unos como otras son, en ocasiones, transversales, lo que significa que se trata de contenidos incluidos en más de un Certificado Profesional.

Los Certificados Profesionales se articulan en tres niveles de competencia profesional (1, 2 y 3) conforme a lo dispuesto en el que será el Catálogo Nacional de Estándares de Competencias Profesionales, anteriormente Catálogo Nacional de Cualificaciones Profesionales (CNCP), según los criterios establecidos de conocimientos, iniciativa, autonomía y complejidad de las tareas, en cada una de las ofertas de Formación Profesional.

La oferta formativa dirigida a la obtención de los Certificados Profesionales tiene carácter modular para favorecer la acreditación parcial acumulable de la formación recibida y posibilitar así el avance en el itinerario de Formación Profesional para cualquiera que sea la situación laboral de cada persona en cada momento.

En definitiva, el Grado C constituye la oferta, parcial y acumulable, del sistema de Formación Profesional, de varios módulos profesionales del catálogo modular de Formación Profesional por razón de su significado en el mercado laboral y conducente a la obtención de un Certificado Profesional.

Las ofertas de Grado C de Formación Profesional tendrán por objeto módulos profesionales incluidos previamente en el catálogo modular de formación profesional y asociados al Catálogo Nacional de Estándares de Competencias Profesionales.

Finalidad de los Certificados Profesionales

- Contribuir a la ordenación de un Sistema de Formación Profesional al servicio de un régimen de formación y acompañamiento profesionales que sea capaz de responder con flexibilidad a los intereses, expectativas y aspiraciones de cualificación profesional de las personas a lo largo de su vida.

- Combinar escuela y empresa situando a la persona en el centro del sistema.

- Facilitar el aprendizaje permanente de toda la ciudadanía mediante una formación abierta, flexible y accesible, estructurada de forma modular, a través de la oferta formativa asociada al certificado.

- Acreditar las cualificaciones profesionales o las unidades de competencia recogidas en estas, independientemente de su vía de adquisición, bien sea través de la vía formativa, o mediante la experiencia laboral o vías no formales de formación.

- Favorecer, tanto a nivel nacional como europeo, la transparencia del mercado de trabajo.

- Contribuir a la calidad de la oferta de Formación Profesional.

Este libro

El presente libro desarrolla la unidad formativa denominada *Aprovisionamiento y organización del office en alojamientos,* UF0038.

Dicha unidad formativa pertenece al módulo formativo MF0706_1, asociado a la Unidad de Competencia UC0706_1, perteneciente a la Cualificación Profesional de referencia HOT222_1, de nivel 1, incluida en el Certificado Profesional denominado *Operaciones básicas de pisos en alojamientos,* dentro de la familia profesional Hostelería y Turismo.

Según el Real Decreto 1376/2008, de 1 de agosto, modificado por el RD 685/2011, de 13 de mayo, los contenidos que en esta obra se recogen se corresponden con una duración de 30 horas.

Tanto la estructura como el desarrollo del libro se ajustan al citado real decreto y más concretamente a los contenidos de la unidad formativa que le da título *Aprovisionamiento y organización del office en alojamientos,* UF0038.

Contenidos

1. **La camarera de pisos en alojamientos y su departamento**
   — Los alojamientos turísticos y no turísticos
     • Características
     • Tipos
     • Clasificación
     • Departamentos
   — El departamento de pisos
     • Actividades
     • Características
     • Objetivos
     • Áreas y relaciones interdepartamentales
     • Documentación
   — La habitación de hotel: tipos
   — Peculiaridades de la regiduría de pisos en entidades no hoteleras
     • Hospitales y clínicas
     • Residencias para la tercera edad
     • Residencias escolares
     • Otros alojamientos no turísticos

— La camarera de pisos
  - Descripción de sus funciones
  - Uniformidad
  - Deontología profesional
  - Planificación del trabajo
  - Integración en la organización y en el equipo de trabajo

2. **Realización de las operaciones de aprovisionamiento, control e inventario de existencias en el área de pisos**
   — Procedimientos administrativos relativos a la recepción, almacenamiento, distribución interna y expedición de existencias
   — Clasificación y ubicación de existencias
   — Tipos de inventarios
   — Aplicación de procedimientos de gestión
   — Mantenimiento y reposición de existencias en el almacén
   — Montaje del carro de limpieza y carro de camarera
   — Organización del almacén y del office

3. **Participación en la mejora de la calidad**
   — Aseguramiento de la calidad
   — Actividades de prevención y control de los insumos y procesos para tratar de evitar resultados defectuosos

Nota del editor

En Ediciones Paraninfo estamos comprometidos con la calidad de la formación e intentamos que nuestros materiales, respondan fielmente y con rigor a las necesidades de todos cuantos confían en nuestro sello editorial.

Tratamos de dar respuesta a los currículos de las unidades formativas y de los módulos que integran los distintos Certificados Profesionales, equilibrando la parte teórica con la práctica para que los procesos de aprendizaje se conviertan en experiencias gratificantes tanto para docentes como para las personas inmersas en los procesos formativos.

Contribuir de forma decisiva a afianzar aprendizajes, ayudar a adquirir destrezas que tengan significado para el empleo y conseguir potenciar el desarrollo personal es nuestra mayor satisfacción como editores.

Para lograrlo contamos con excelentes autores, expertos en las materias que abordan, en la mayoría de los casos docentes de dichas especialidades con dilatada experiencia profesional y académica, porque buscamos perfiles familiarizados con los contextos laborales concretos a los que se refieren nuestros manuales.

Confiamos en poder serte de ayuda y esperamos tus impresiones acerca de nuestro trabajo. Sean positivas o negativas, serán muy bien recibidas y, sin duda, nos ayudarán a seguir mejorando y trabajando con ilusión para continuar siendo un referente en formación para el empleo.

Agradecemos tu confianza en nuestros manuales. Todo nuestro equipo queda a tu total disposición. Puedes contactar con nosotros en esta dirección de correo electrónico: info@paraninfo.es.

1. La camarera de pisos en alojamientos y su departamento

Contenido

Las camareras de pisos desarrollan su tarea en el departamento de regiduría de pisos. Son las responsables de mantener el perfecto estado de orden y limpieza en las unidades alojativas. Dependiendo de la organización interna del establecimiento, se ocupan también de la limpieza en zonas comunes, aunque, como veremos más adelante, esto depende también de la normativa provincial en esta materia.

Organizativamente dependen de la subgobernanta y de la gobernanta, que son las encargadas de gestionar conjuntamente el departamento de regiduría de pisos.

En los apartados sucesivos se irán especificando cuáles son exactamente las tareas que deben realizar, aunque ya veremos también que depende del establecimiento, de la organización interna del establecimiento e incluso de la normativa legal que regule el sector, ya que esta tiene carácter provincial.

1.1. Los alojamientos turísticos y no turísticos

La oferta alojativa incluye, como detallaremos en el siguiente apartado, una serie de establecimientos que figuran inscritos como establecimientos turísticos en la autoridad competente. Sin embargo, existe una variada oferta de establecimientos residenciales, hospitalarios, geriátricos, etc., en los que se desarrollan tareas de limpieza y mantenimiento de las unidades alojativas. El presente volumen se dedica fundamentalmente a los establecimientos alojativos de carácter turístico, aunque se nombren también algunas especificidades de otro tipo de alojamientos.

1.1.1. Características

La Directiva 2006/123/CE del Parlamento Europeo y del Consejo, de 12 de diciembre de 2006 (DOCE 27.12.06), relativa a los servicios en el mercado interior, incorporada al ordenamiento jurídico interno español por la Ley 17/2009, de 23 de noviembre, sobre libre acceso a las actividades de servicios y su ejercicio, ha obligado a adaptar la práctica totalidad de la normativa reguladora del sector turístico a un régimen menos intervencionista que facilite la libertad de establecimiento y de prestación de los servicios como motores del crecimiento económico y creación de empleo.

En España, las normas que regulan el sector turístico son competencia de las administraciones de las distintas comunidades o ciudades autónomas, lo que hace que existan regulaciones distintas en cada una de ellas.

En el caso de Andalucía, por ejemplo, se ha publicado el Decreto 28/2016, de 2 de febrero, de *viviendas con fines turísticos*. Debido a la pandemia de COVID, se publicó el Decreto Ley 13/2020 que afecta a los establecimientos hoteleros regulados en los artículos 40.1.a) y 43 de la Ley 13/2011, de 23 de diciembre.

Este tipo de normativa viene a dar respuesta a una oferta alojativa que no estaba regulada por el sector turístico pero que, sin embargo, estaba presente en el mercado turístico en franca competencia con los otros establecimientos sí regulados. La comercialización de estas viviendas se realiza por canales telemáticos que ponen en contacto al propietario o agencia que explota la vivienda con el cliente directamente.

En el caso de Canarias, por ejemplo, esta actividad viene regulada por el Decreto 113/2015, de 22 de mayo, por el que se aprueba el Reglamento de las *viviendas vacacionales* de la Comunidad Autónoma de Canarias. Enlace: https://www.gobiernodecanarias.org/boc/2015/101/001.html.

Según el decreto antes reseñado, se considera necesario el desarrollo de la regulación que determine las condiciones y requisitos que deben cumplir las viviendas vacacionales, incorporándolas a la regulación de los establecimientos de alojamientos turísticos, como una nueva tipología en la modalidad extrahotelera. No obstante, debido a las características especiales de esta tipología extrahotelera, a desarrollar en viviendas que han sido construidas o rehabilitadas conforme a unos requisitos ya regulados por su normativa específica, que los diferencian del resto de las tipologías de establecimientos turísticos de alojamiento, no le deben resultar de aplicación ni los requisitos constructivos ni los de equipamientos o servicios aplicables al resto de los establecimientos turísticos de alojamiento, debiendo cumplir unos requisitos específicos.

Según el citado decreto, se denominan viviendas vacacionales a las viviendas, que amuebladas y equipadas en condiciones de uso inmediato y reuniendo los requisitos previstos en este reglamento, se comercializan o promocionan en canales de oferta turística para ser cedidas temporalmente y en su totalidad a terceros, de forma habitual, con fines de alojamiento vacacional y a cambio de un precio. En cuanto a los canales de distribución, hemos creído interesante incluir la ampliación que hace el decreto, incluyendo otros canales más recientes y de gran utilidad como los portales de internet y cita: «Canales de oferta turística: las agencias de viajes, centrales de reserva y otras empresas de intermediación y organización de servicios turísticos, incluidos los canales de intermediación virtuales; páginas web de promoción, publicidad, reserva o alquiler; y publicidad realizada por cualquier medio de comunicación».

Por lo que se refiere a los establecimientos turísticos, por ejemplo, en la Comunidad de Canarias viene regulada por el Decreto 142/2010, de 4 de octubre, por el que se aprueba el Reglamento de la Actividad Turística de Alojamiento y se modifica el Decreto 10/2001, de 22 de enero, por el que se regulan los estándares turísticos.

Según la citada normativa, se considera establecimiento turístico de alojamiento al inmueble, conjunto de inmuebles o la parte de los mismos que, junto a sus bienes muebles, constituye una unidad funcional y de comercialización autónoma, cuya explotación corresponde a una única empresa que oferta servicios de alojamiento con fines turísticos, acompañados o no de otros servicios complementarios. En el siguiente apartado detallaremos los tipos de establecimientos.

1.1.2. Tipos

Los establecimientos turísticos de alojamiento se clasificarán en las siguientes modalidades:

a) Hotelera.

b) Extrahotelera.

Tipologías

1. La modalidad hotelera comprende los siguientes tipos de establecimientos:

a) Hotel.

b) Hotel urbano.

c) Hotel emblemático.

d) Hotel rural.

2. La modalidad extrahotelera comprende los siguientes tipos de establecimientos:

a) Apartamento.

b) Villa.

c) Casa emblemática.

d) Casa rural.

e) Vivienda vacacional.

1.1.3. Clasificación

Tal como hemos indicado anteriormente, las competencias sobre ordenación turística corresponden a las diferentes comunidades autónomas, aunque las diferencias no son sustanciales y dependen mayoritariamente de la especificidad de algunas modalidades alojativas que no son de aplicación en otras comunidades. Como ejemplo vamos a incluir la definición de los distintos tipos de establecimientos presentes en la normativa canaria.[1]

a) <u>Establecimiento hotelero</u>: el establecimiento turístico de alojamiento que ofrece los servicios de alojamiento y alimentación.

b) <u>Hotel urbano</u>: el establecimiento hotelero ubicado en suelo urbano consolidado no turístico.

c) <u>Hotel emblemático</u>: el establecimiento hotelero que se encuentra ubicado en suelo urbano consolidado no turístico y cuya edificación constituye un bien inmueble integrante del patrimonio histórico de la Comunidad Autónoma de Canarias, incluido en alguno de los instrumentos previstos en el artículo 15 de la Ley 4/1999, de 15 de marzo, de Patrimonio Histórico de Canarias o norma que la sustituya.

d) <u>Hotel rural</u>: el establecimiento hotelero que se encuentra ubicado en un inmueble enclavado en suelo rústico y cuya edificación constituye un bien inmueble integrante del patrimonio histórico de la Comunidad Autónoma de Canarias, incluido en alguno de los instrumentos previstos en el artículo 15 de la Ley 4/1999, de 15 de marzo, de Patrimonio Histórico de Canarias o norma que la sustituya.

e) <u>Establecimiento extrahotelero</u>: el establecimiento turístico de alojamiento que ofrece servicio de alojamiento acompañado o no de otros servicios complementarios.

f) <u>Apartamento</u>: el establecimiento extrahotelero compuesto por unidades de alojamiento dotadas del equipamiento e instalaciones necesarias para la conservación, manipulación y consumo de alimentos.

g) <u>Villa</u>: el establecimiento extrahotelero compuesto por una o varias unidades de alojamiento de tipología edificatoria aislada, dotada de zonas verdes de uso privativo y del equipamiento e instalaciones necesarias para la conservación, manipulación y consumo de alimentos.

---

[1] Decreto 142/2010, de 4 de octubre, por el que se aprueba el Reglamento de la Actividad Turística de Alojamiento y se modifica el Decreto 10/2001, de 22 de enero, por el que se regulan los estándares turísticos.

h) <u>Casa emblemática</u>: el establecimiento extrahotelero ubicado en inmueble situado en suelo urbano consolidado no turístico, cuya edificación constituye un bien integrante del patrimonio histórico de la Comunidad Autónoma de Canarias, incluido en alguno de los instrumentos previstos en el artículo 15 de la Ley 4/1999, de 15 de marzo, de Patrimonio Histórico de Canarias o norma que la sustituya, y que está dotada del equipamiento e instalaciones necesarias para la conservación, manipulación y consumo de alimentos.

i) <u>Casa rural</u>: el establecimiento extrahotelero ubicado en un inmueble enclavado en suelo rústico, y cuya edificación constituye un bien integrante del patrimonio histórico de la Comunidad Autónoma de Canarias, incluido en alguno de los instrumentos previstos en el artículo 15 de la Ley 4/1999, de 15 de marzo, de Patrimonio Histórico de Canarias o norma que la sustituya, y que está dotada del equipamiento e instalaciones necesarias para la conservación, manipulación y consumo de alimentos.

Sin embargo, en Andalucía, podemos observar algunas variaciones en cuanto a la actividad turística en la Ley 13/2011, de 23 de diciembre de 2010, del Turismo de Andalucía, se pueden identificar diversas especificidades en función de la zona donde se desarrolle la actividad, de la climatología y otras circunstancias. Enlace: https://www.boe.es/buscar/act.php?id=BOE-A-2012-876#:~:text=BOE%2DA%2D2012%2D876,diciembre%2C%20del%20Turismo%20de%20Andaluc%C3%ADa.

Por ejemplo, en Andalucía, la clasificación incluye: en el artículo 40 de la citada Ley 13/2011. Tipos de establecimientos de alojamiento turístico:

a) Establecimientos hoteleros.

b) Apartamentos turísticos.

c) Campamentos de turismo o campings.

d) Casas rurales.

e) Cualquier otro que se establezca reglamentariamente.

1.1.4. Departamentos

Antes de comenzar a describir los distintos departamentos de un establecimiento, hemos considerado oportuno detallar brevemente el concepto de organigrama, así como los diferentes tipos que nos podemos encontrar en un establecimiento alojativo.

El organigrama es la representación gráfica de la estructura orgánica de una empresa que refleja, de forma esquemática, la posición de las áreas que la integran, sus niveles jerárquicos, líneas de autoridad y de asesoría.

A partir de las clasificaciones planteadas por Enrique B. Franklin (en su libro *Organización de empresas*) y Elio Rafael de Zuani (en *Introducción a la administración de organizaciones*) exponemos la siguiente clasificación de organigramas:

1) Por su finalidad.
2) Por su ámbito.
3) Por su contenido.
4) Por su presentación o disposición gráfica.

1. **POR SU FINALIDAD:** este grupo se divide en cuatro tipos de organigramas:

Informativo: se denominan de este modo a los organigramas que se diseñan con el objetivo de ser puestos a disposición de todo público, es decir, como información accesible a personas no especializadas. Por ello, solo deben expresar las partes o unidades del modelo y sus relaciones de líneas y unidades asesoras, y ser graficados de modo general cuando se trate de organizaciones de ciertas dimensiones.

Analítico: este tipo de organigrama tiene por finalidad el análisis de determinados aspectos del comportamiento organizacional, como también de cierto tipo de información que, presentada en un organigrama, permite la ventaja de la visión macro o global de la misma, tales son los casos de análisis de un presupuesto, de la distribución de la planta de personal, de determinadas partidas de gastos, de remuneraciones, de relaciones informales, etc. Sus destinatarios son personas especializadas en el conocimiento de estos instrumentos y sus aplicaciones.

Formal: se define como tal cuando representa el modelo de funcionamiento planificado o formal de una organización, y cuenta con el instrumento escrito de su aprobación. Así, por ejemplo, el organigrama de una sociedad anónima se considerará formal cuando el mismo haya sido aprobado por la dirección de la sociedad anónima.

Informal: se considera como tal, cuando representando su modelo planificado no cuenta todavía con el instrumento escrito de su aprobación.

2. **POR SU ÁMBITO:** este grupo se divide en dos tipos de organigramas:

Generales: contienen información representativa de una organización hasta determinado nivel jerárquico, según su magnitud y características. En el sector público pueden abarcar hasta el nivel de dirección general o su equivalente, en tanto que en el sector privado suelen hacerlo hasta el nivel de departamento u oficina.

Ejemplo:

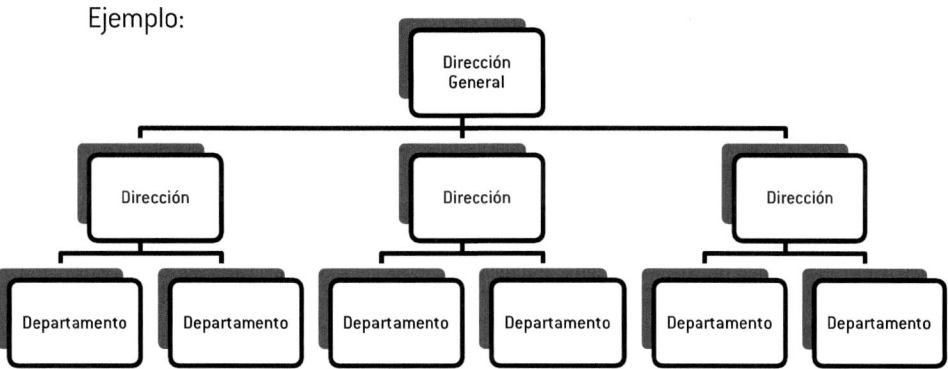

Específicos: muestran en forma particular la estructura de un área de la organización.

Ejemplo:

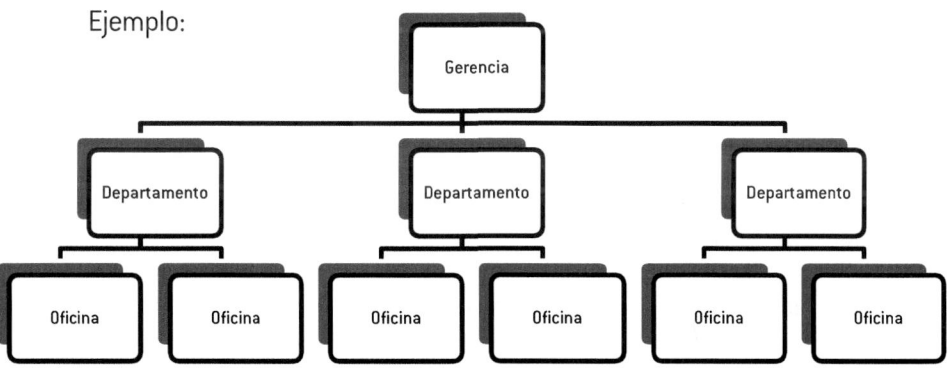

3. POR SU CONTENIDO: este grupo se divide en dos tipos de organigramas:

Integrales: son representaciones gráficas de todas las unidades administrativas de una organización y sus relaciones de jerarquía o dependencia. Conviene anotar que los organigramas generales e integrales son equivalentes.

Ejemplo:

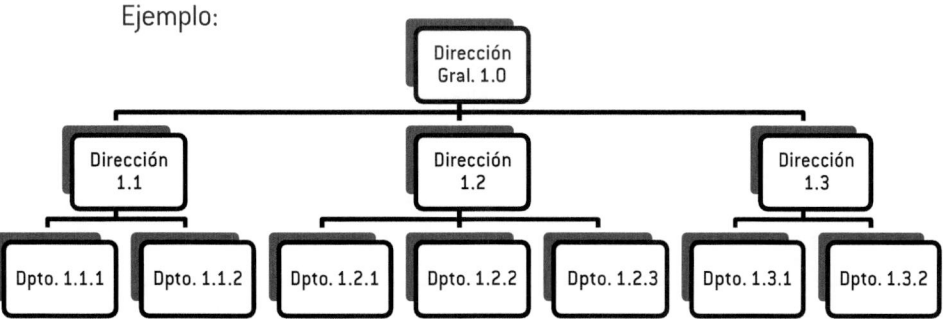

Funcionales: incluyen las principales funciones que tienen asignadas, además de las unidades y sus interrelaciones. Este tipo de organigrama es de gran utilidad para capacitar al personal y presentar a la organización de forma general.

Ejemplo:

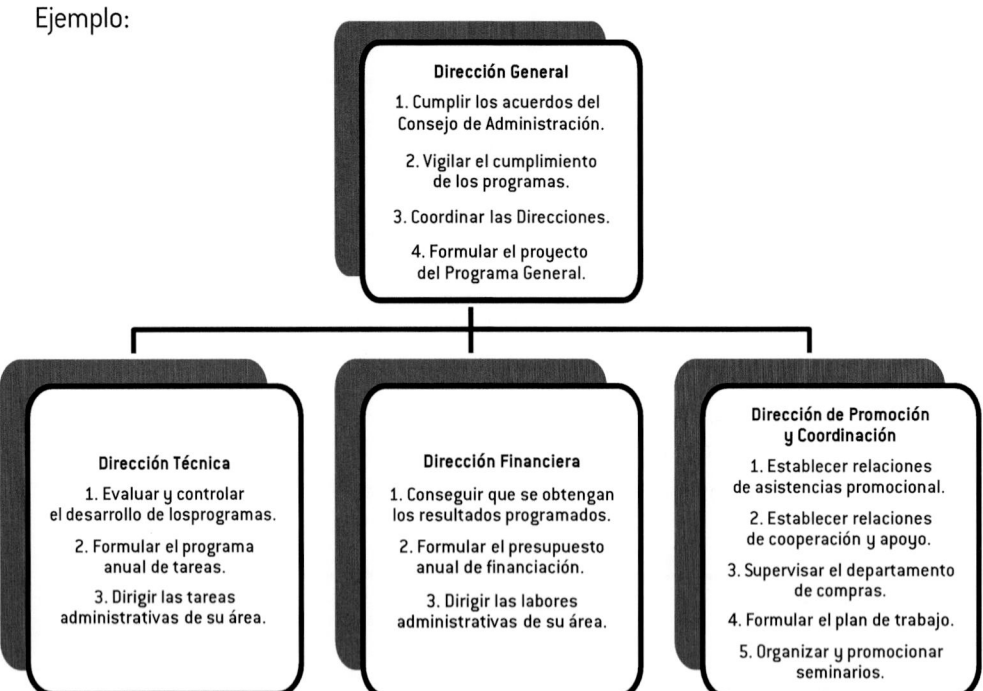

4. **POR SU PRESENTACIÓN O DISPOSICIÓN GRÁFICA:** este grupo se divide en cuatro tipos de organigramas:

Verticales: presentan las unidades ramificadas de arriba abajo a partir del titular, en la parte superior, y desagregan los diferentes niveles jerárquicos de forma escalonada. Son los de uso más generalizado en la administración, por lo cual, los manuales de organización recomiendan su empleo.

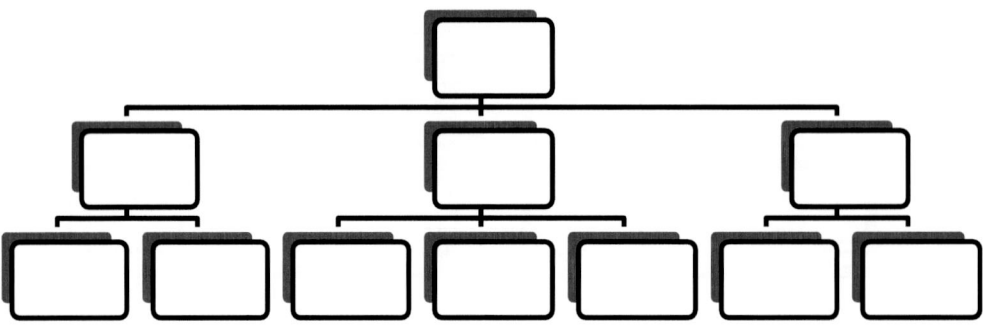

Horizontales: despliegan las unidades de izquierda a derecha y colocan al titular en el extremo izquierdo. Los niveles jerárquicos se ordenan en forma de columnas, en tanto que las relaciones entre las unidades se ordenan por líneas dispuestas horizontalmente.

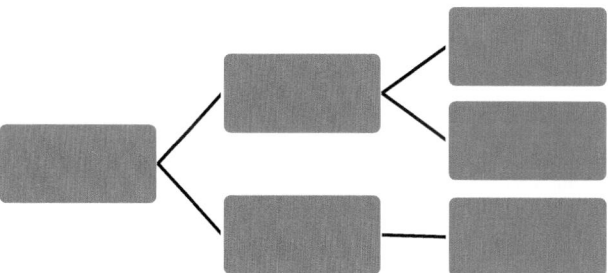

Mixtos: este tipo de organigrama utiliza combinaciones verticales y horizontales para ampliar las posibilidades de representación gráfica. Se recomienda utilizarlos en el caso de organizaciones con un gran número de unidades en la base.

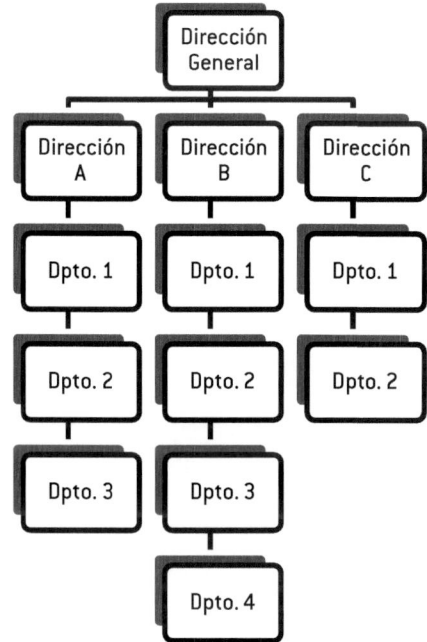

De bloque: son una variante de los verticales y tienen la particularidad de integrar un mayor número de unidades en espacios más reducidos. Por su cobertura, permiten que aparezcan unidades ubicadas en los últimos niveles jerárquicos.

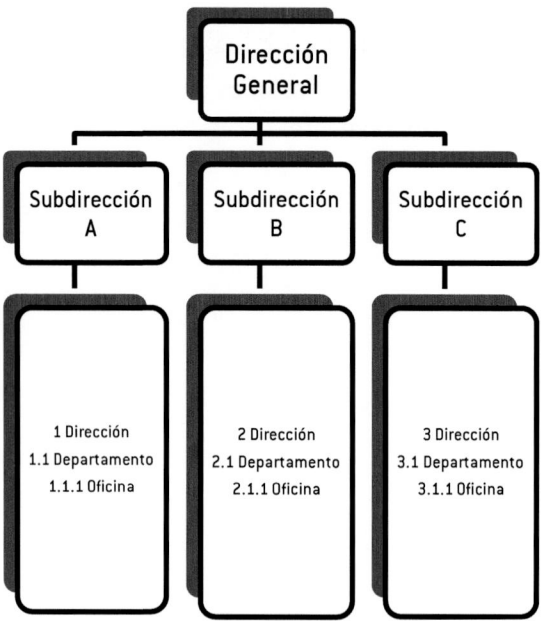

Circulares: en este tipo de diseño gráfico, la unidad organizativa de mayor jerarquía se ubica en el centro de una serie de círculos concéntricos, cada uno de los cuales representa un nivel distinto de autoridad, que decrece desde el centro hacia los extremos, y el último círculo, es decir, el más extenso, indica el menor nivel de jerarquía de autoridad. Las unidades de igual jerarquía se ubican sobre un mismo círculo, y las relaciones jerárquicas están indicadas por las líneas que unen las figuras.

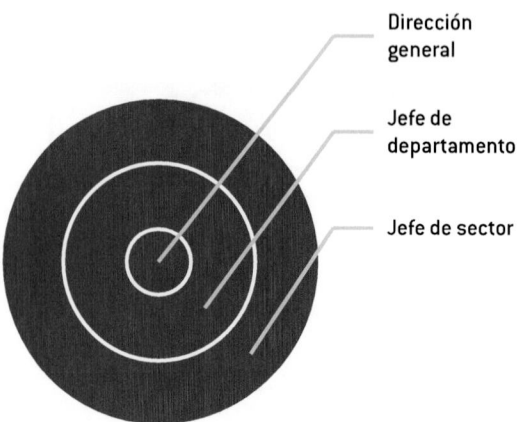

La tipología de los establecimientos, así como su categoría y otros factores como ubicación, clientela, tamaño, etc., determinarán la existencia de más o menos departamentos. A continuación incluiremos un organigrama que refleja los departamentos de un hotel de cuatro estrellas con servicios de banquetes.

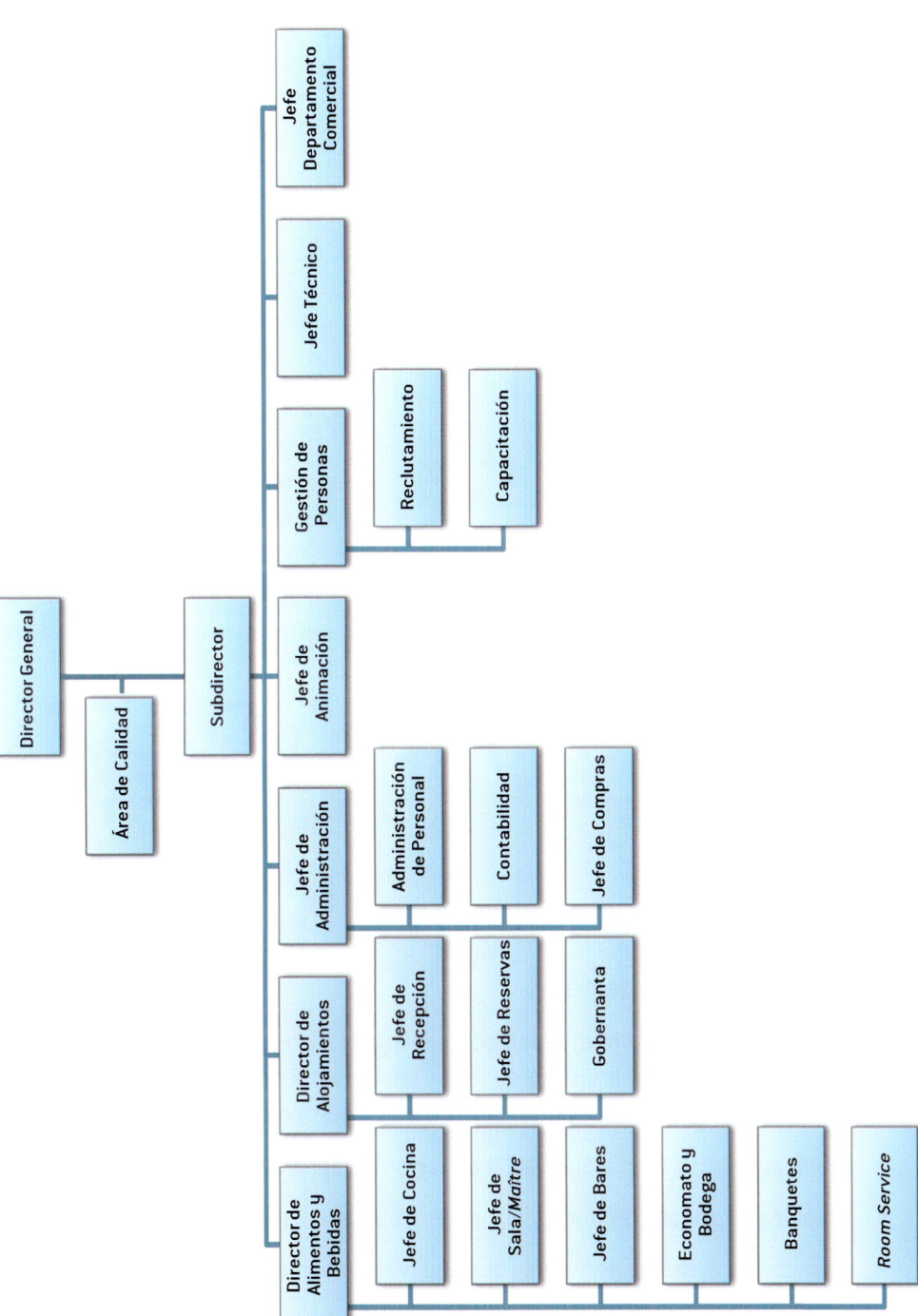

13

A continuación se detalla el organigrama del departamento de reguiduría de pisos.

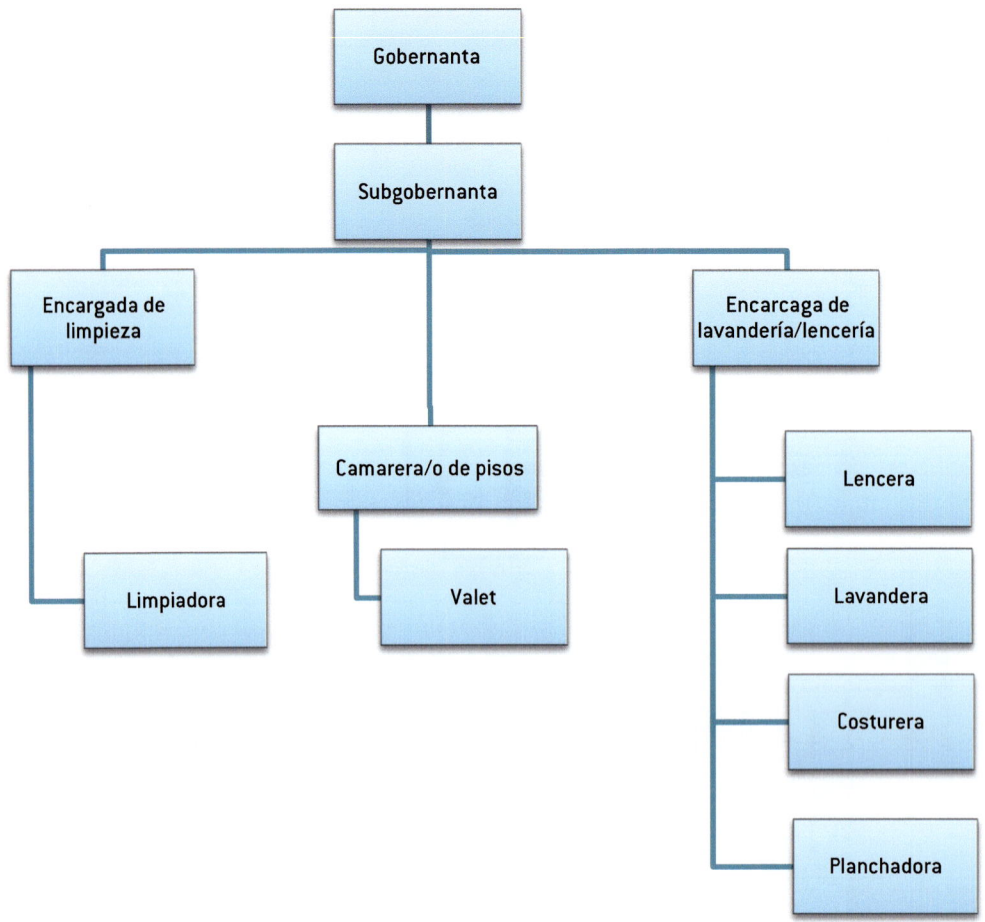

1.2. El departamento de pisos

El departamento de pisos en un establecimiento alojativo es el encargado de realizar las operaciones de limpieza en todas las dependencias del establecimiento. Esto incluye, particularmente, las siguientes operaciones:

- Limpieza de unidades alojativas (habitaciones, apartamentos, villas...).

- Limpieza de zonas comunes (*hall,* recepción, bares, restaurante...).

- Limpieza de áreas de servicios (oficinas, vestuarios del personal...).

Normalmente, la limpieza de la cocina suele encomendarse al personal de limpieza específico de ese departamento y que depende organizativamente del responsable de cocina.

Es importante diferenciar lo que son las zonas comunes de las áreas de servicio. Las primeras son utilizadas exclusivamente por los clientes, no debiendo transitar por ellas la plantilla del establecimiento, salvo para la realización de operaciones de mantenimiento, limpieza o para prestar un servicio a los huéspedes. En cambio, las áreas de servicio son de uso exclusivo del personal del establecimiento.

1.2.1. Actividades

Como ya se ha adelantado anteriormente, el departamento de pisos realiza todas las tareas de limpieza de todas las dependencias del establecimiento.

A continuación, se detallan las diferentes actividades realizadas en los departamentos del establecimiento alojativo. En la unidad UF0039 *Limpieza y puesta a punto de pisos y zonas comunes en alojamientos* se explicará con todo detalle cómo se realizan las diferentes tareas que ahora simplemente nombramos.

LIMPIEZA DE UNIDADES ALOJATIVAS

Esta es una de las misiones más importantes que realiza la camarera de pisos. Hay que tener en cuenta que cuando el huésped accede a su habitación, debe percibir que es él quien está estrenando dicha habitación y que no ha sido utilizada anteriormente. Cualquier «recuerdo» de una estancia anterior va a causar una muy mala impresión en el nuevo cliente y disminuirá su confianza en nuestra organización y, por consiguiente, su nivel de satisfacción. En este caso, no solo reviste importancia la limpieza, sino fundamentalmente la higienización de todas las dependencias.

Se distinguen diversos tipos de limpieza dentro del establecimiento alojativo:

Limpieza de clientes. Es la limpieza que se realiza diariamente durante la estancia del cliente en el establecimiento. Este tipo de limpieza variará en función de la categoría del establecimiento, de su ubicación, del tipo de clientela que lo frecuente, etc. El alcance de las operaciones que se van a realizar lo debe planificar la gobernanta conjuntamente con la dirección del establecimiento. No obstante, las cadenas determinan, de forma generalizada, los estándares que se deben aplicar para cada establecimiento.

En cualquier caso, las **tareas** que incluye la **limpieza de clientes** son:

- Cambio de ropa de camas (según la frecuencia preestablecida por la empresa o por los acuerdos contractuales establecidos con los diferentes turoperadores).

- Hacer las camas.

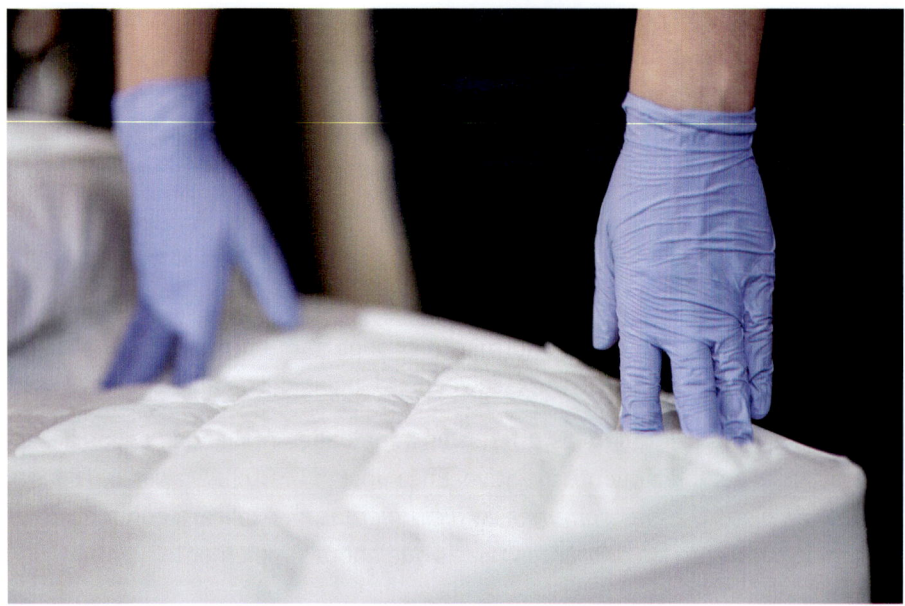

Se deben utilizar guantes para la limpieza de la habitación.

- Limpieza de polvo.

- Orden de la habitación.

- Limpieza de mobiliario, puertas y ventanas.

- Barrido/aspirado de suelos.

- Fregado de suelo (salvo el que tenga recubrimiento textil de moqueta).

- Reposición de artículos de escritorio.

- Supervisión del estado del equipamiento de la habitación que incluye:

  — Control perfecto estado de cortinas y estores.

  — Estado del mobiliario.

  — Iluminación (bombillas, pantallas de lámparas...).

- Limpieza de baño (sanitarios, suelo, espejos, mamparas...); incluyendo su desinfección.

- Reposición de artículos de acogida (*amenities*)[2].

---

2 Por *amenities* entendemos aquellos **artículos de aseo personal** que la industria alojativa pone a disposición del huésped en el baño de la habitación del **hotel** o del establecimiento donde este se aloje.

Amenities.

- Reposición de ropa de baño (toallas, alfombrín, albornoz...).

- Limpieza de terrazas y balcones.

- Reposición de artículos de minibar (cuando se establezca que es responsabilidad de la camarera de pisos).

- Proveer de artículos como almohadas complementarias, mantas...

Con la irrupción de la pandemia de COVID, se hizo aún más evidente la necesidad de desinfectar todos los elementos en contacto con el cliente, limitando incluso el uso de cojines y demás elementos decorativos. Estas medidas pueden ser más o menos persistentes en la medida que los efectos de la pandemia se van mitigando.

Limpieza de salida. Se realiza cuando el huésped abandona el establecimiento.

Incluye todas las funciones detalladas anteriormente para la limpieza de clientes, pero además se debe realizar una revisión pormenorizada de todas las instalaciones de la unidad alojativa para localizar algún posible objeto olvidado por el cliente o incluso algún desperfecto en el equipamiento o falta de alguno de los elementos de la decoración, por ejemplo.

La limpieza de salida es más profunda que la limpieza diaria e incluye también el cambio obligatorio de toda la ropa de la habitación, tanto de cama como en el baño, colchas, etcétera.

Reposición también de *amenities,* artículos de papelería y escritura, cartas de *room service,* canales de televisión e información sobre los servicios del establecimiento. No obstante, la mayor parte de los establecimientos han sustituido los materiales impresos por canales de información en el televisor o incluso por códigos QR, para evitar la transmisión de enfermedades.

Limpieza de desbloqueo. El bloqueo de una habitación se produce cuando esta no está en condiciones de ser utilizada por los clientes. Existen varias causas para bloquear una habitación, y a continuación detallamos las principales:

- Causas técnicas. Las averías pueden ocasionar el bloqueo de una habitación. Entre las más habituales están las referidas a problemas eléctricos o de fontanería, pero también calefacción o aire acondicionado, entre otras.

- Operaciones de mantenimiento. En algunas ocasiones, las habitaciones se bloquean para realizar operaciones periódicas de mantenimiento, como puede ser el pintado, mantenimiento del pavimento, etc. En este caso, se procede igualmente a una limpieza más profunda una vez que las operaciones de mantenimiento han finalizado.

- Operaciones de limpieza periódica. Las habitaciones pueden ser bloqueadas por espacios más o menos cortos de tiempo para realizar operaciones de limpieza periódicas y que imposibilitan su utilización durante un tiempo. Entre estas operaciones se pueden incluir la limpieza profunda de tapicerías y moquetas, cambio de cortinas, etcétera.

Cobertura

La incluimos en este apartado porque, más que una limpieza profunda, se trata de un repaso de la habitación. La finalidad de la cobertura es preparar la habitación para que el huésped pueda descansar.

Este servicio suele ser exclusivo de hoteles de cuatro o cinco estrellas y aporta un detalle de distinción al servicio que prestamos a nuestra clientela. La cobertura incluye el vaciado de papeleras, la sustitución de toallas utilizadas, repaso de limpieza, descubrir la cama (teniendo en cuenta si la habitación se ocupa por una o dos personas), al pie de la cama se cubren las alfombras de pie de cama con unos alfombrines blancos, y se suele dejar una pequeña tarjeta de buenas noches con un pequeño detalle dulce.

Ejemplo de cobertura.

LIMPIEZA DE ZONAS COMUNES

Las zonas comunes del establecimiento incluyen aquellas dependencias que puede utilizar la clientela del establecimiento, sin incluir las unidades alojativas. Ejemplos de zonas comunes son el restaurante, bar, recepción/*hall,* zonas exteriores, etcétera.

Si bien es cierto que la limpieza de estas zonas se encomendaba tradicionalmente al subdepartamento de limpieza, dentro del departamento de reguría de pisos, en los últimos años se está dando, con más frecuencia cada vez, la polivalencia; de tal forma que las camareras de pisos también realizan las funciones de las limpiadoras. En este sentido, nos parece interesante mencionar lo reseñado en el Convenio de Hostelería de la provincia de Santa Cruz de Tenerife con validez desde el año 2022 hasta el 2026, que indica lo siguiente: «***Artículo 20 apartado 3.*** *Polivalencia funcional de las camareras/os de pisos. Se podrá pactar en el contrato de trabajo o por acuerdo individual entre la empresa y la persona que desempeñe las funciones de camarera/o de pisos la polivalencia funcional, entendiendo por tal la regulada en el art. 22.4 del Estatuto de los Trabajadores. Se asignará a la persona trabajadora al grupo profesional y se establecerá como contenido de la prestación laboral objeto del contrato de trabajo la realización de todas las funciones correspondientes al grupo profesional asignado o solamente de alguna de ellas. Cuando se acuerde la polivalencia funcional o la realización de* *funciones propias de más de un grupo, la equiparación se realizará en virtud de las funciones que se desempeñen durante mayor tiempo. En tal sentido, los/as camareros/as de pisos podrán mantener las funciones de la limpieza de zonas comunes del hotel cuando se acuerda la polivalencia funcional dentro de área funcional cuarta del Acuerdo Laboral de Ámbito Estatal de Hostelería (ALEH), correspondiente al área de pisos y limpieza, entre el/la camarera/o de pisos y el auxiliar de pisos y limpieza, que deberá ser acordado entre la empresa y el/la camarera de pisos y comunicado a la representación legal de las personas trabajadoras en la empresa».*

Detallamos a continuación las principales tareas que se desarrollan con relación a la limpieza de las zonas comunes.

Recepción de hotel.

Limpieza de *hall* y recepción

Esta limpieza se realiza a primera hora de la mañana (normalmente antes de las 7:30) para evitar molestar a los clientes mientras transitan por la recepción y realizar las tareas más fácilmente. Normalmente, la gobernanta prevé un turno de personal que entra más temprano (alrededor de las 6:30 de la mañana) para realizar estas tareas. En cualquier caso, se estará pendiente a la actividad habitual del establecimiento para lo que nos fijaremos en las horas de salida de los clientes, etcétera.

La limpieza incluirá:

- Vaciado de papeleras.
- Limpieza de mobiliario y artículos de decoración.
- Orden de la zona (artículos de decoración, mobiliario, prensa, folletos...).
- Limpieza de ordenadores o terminales informáticos de información.
- Barrido y aspirado.
- Fregado del suelo.
- Comprobación de cortinas y estores.
- Comprobación de funcionamiento de iluminación artificial.

Estas tareas se realizarán con carácter diario.

Con carácter periódico se realizará la limpieza de cortinas, estores, tapicerías de sofás y butacones. Estas tareas las incluye la gobernanta en el plan de limpieza y serán comunicadas a la camarera y al valet[3] en cada momento que proceda.

Limpieza e higienización de aseos públicos

Esta limpieza e higienización de los baños se realizará a primera hora de la mañana de forma profunda. A lo largo de todo el día, y con una periodicidad que se determinará en función del uso que se haga de los mismos, se realizará el repaso de los baños, higienizándolos, reponiendo papel, jabón, vaciado de papeleras y fregado de suelos y sanitarios.

Limpieza de restaurante

El establecimiento puede contar con varios restaurantes. El restaurante principal es donde se sirve el bufé, ya sea en el desayuno o en la cena (en algunos casos, también en el almuerzo), además, el establecimiento puede contar con otros restaurantes que suelen ser temáticos y donde el servicio que se presta es a la carta. Ejemplo de ello podría ser un restaurante oriental, un restaurante de cocina típica española, un restaurante italiano, etc. En muchos casos, estos restaurantes prestan sus servicios a clientes alojados en el establecimiento y otros que no se alojan en él.

---

[3] El valet, o mozo de habitaciones, es la persona encargada de repartir el material entre las camareras de pisos, dejándolo en los diferentes *offices* del hotel y es la persona que sirve de enlace entre la gobernanta/subgobernantas y las camareras de pisos para conocer si existe algún desfase o en qué zonas de hotel se necesita más atención.

Es importante tener en cuenta que el restaurante es una de las primeras zonas comunes que utiliza el cliente al iniciar la jornada y, junto con el bar, una de las últimas que utilizó la jornada anterior.

Por tal motivo, se debe prever su limpieza a muy temprana hora de la mañana, antes de que comience el servicio de desayunos.

Se procederá, al igual que en otras zonas comunes, a airear el habitáculo, limpieza de mobiliario, zona de bufé, aseos situados en las proximidades y aspirado y fregado de pisos.

Limpieza del bar

El bar comienza a prestar sus servicios, habitualmente, una vez que el servicio de desayunos se ha dado por finalizado, por lo que podremos contar con algo más de tiempo para su limpieza antes de que abra sus puertas.

En cuanto a la limpieza, se realizará de forma similar al restaurante con la peculiaridad de que en algunos casos puede tener el pavimento cubierto de moqueta, especialmente si no se dispone de discoteca y el bar se utiliza para este fin.

Limpieza de zona de piscinas

El mantenimiento en buenas condiciones de limpieza y orden de la zona de piscinas suele ser una tarea compartida entre el departamento de pisos y el departamento de mantenimiento.

Máquina de limpieza con agua a presión.

De la limpieza a primera hora de la mañana se encarga el departamento de pisos y puede colaborar también mantenimiento, por ejemplo, en la utilización de una máquina de limpieza de agua a presión. A lo largo del día, colaboran en el orden y limpieza los piscineros, que dependen organizativamente del departamento de mantenimiento.

LIMPIEZA DE ZONAS DE SERVICIOS

Las zonas de servicios son zonas a las que el cliente no suele acceder y para uso exclusivo del personal del establecimiento. Entre estas zonas podemos citar:

- Oficinas de administración y recursos humanos.
- Despacho de dirección.
- Oficina de ventas y comercial.
- Economato.
- Despacho de la gobernanta.
- Vestuarios del personal (placares)[4].
- Comedor de personal.

Entrada de servicios. Es la entrada utilizada para el acceso al establecimiento del personal del mismo y otras personas que no sean clientes, como por ejemplo, proveedores, comerciales de empresas distribuidoras, etc. También puede ser utilizada para la entrada de las mercancías que se utilizarán en el establecimiento, tanto materias primas como todo tipo de artículos utilizados en las operaciones de los distintos departamentos del establecimiento.

Cocina. Aunque la cocina se considera una zona de servicio, su limpieza depende normalmente del personal de la cocina. El departamento de cocina dispone de un personal de limpieza propio que realiza, entre otras, la tarea de limpiar esas dependencias.

1.2.2. Características

El departamento de pisos, como ya hemos indicado, lo conforma el personal encargado de la limpieza de todas las dependencias del establecimiento, el lavado, planchado y almacenaje para posterior distribución de toda la lencería (ropa de

---

[4] Del francés *placard*, designa al mueble cerrado con puertas y, generalmente, con estantes, cajones y perchas para guardar ropa y otros objetos.

cama, toallas, manteles, servilletas, cubremanteles, etc.) que se utilizan en el establecimiento.

Normalmente, todo el personal depende del establecimiento, pero cada vez es más frecuente la subcontratación de algunas de las tareas del departamento. Entre los servicios que se suelen subcontratar se encuentra la lavandería externa, que se encarga de recoger la ropa de cama, toallas y mantelería en el establecimiento y trasladarla a lavanderías industriales donde es lavada, planchada, doblada y devuelta al establecimiento. Otra de las tareas que se está subcontratando son las tareas de limpieza de zonas comunes y de servicios, además de algunas tareas que requieran realizar la limpieza en altura y otras circunstancias especiales.

1.2.3. Objetivos

El objetivo principal del departamento de pisos es mantener limpias, higienizadas y en perfectas condiciones de uso todas las dependencias del establecimiento.

Esta tarea no es nada sencilla, ya que implica la participación de una gran cantidad de personal en las operaciones y contar, además, con material y productos específicos sin los cuales las tareas pueden resultar bastante costosas. Cabe especificar que la partida de coste más importante es la referida al personal, aunque se debe contar con el material suficiente para desarrollar de manera eficaz y eficiente su trabajo. Esta unidad trata precisamente de la dotación necesaria para el desarrollo de todas las tareas que se han ido detallando anteriormente.

1.2.4. Áreas y relaciones interdepartamentales

En el apartado 1.2.1 hemos detallado las principales funciones de limpieza que realiza el departamento de pisos de un establecimiento alojativo.

Sin embargo, el departamento de pisos se divide en cuatro secciones o subdepartamentos:

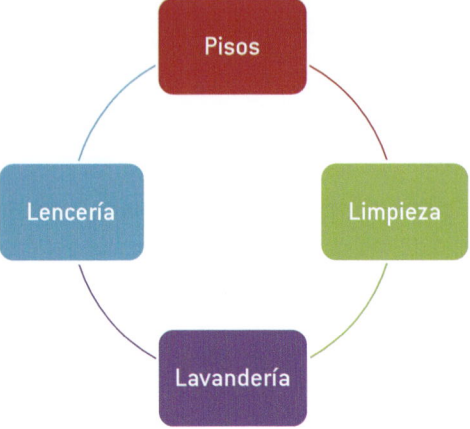

El **subdepartamento de pisos** es el que más personal emplea y también al que se destinan más recursos económicos. Como hemos indicado anteriormente, se encarga de la limpieza de las habitaciones y pasillos, desarrollando su labor las camareras de pisos y los valets, o mozos de habitaciones, bajo la dirección de la gobernanta y la subgobernanta (en algunos casos puede haber más de una subgobernanta, dividiéndose el establecimiento por zonas).

Entre las características que se deben tener en cuenta destaca que es el subdepartamento que está en contacto más directo con el cliente, por lo que la imagen de sus empleados debe ser en todo momento impecable y la calidad del servicio que prestan inmejorable. Una mala calidad del servicio prestado en este subdepartamento será inmediatamente percibida por el cliente y condicionará, en muchas ocasiones, la opinión que saque el huésped del resto del establecimiento. Por tal motivo, se debe ser especialmente pulcro, cuidadoso y realizar el trabajo siempre en silencio y con una gran profesionalidad.

El **subdepartamento de limpieza** se encarga de la limpieza de zonas nobles y de las áreas de servicio. En él desarrollan su tarea las limpiadoras bajo la supervisión de la encargada de limpieza, aunque la nueva reglamentación en vigor también permite que sea realizada por las camareras de pisos. Como ya hemos indicado anteriormente, las zonas nobles o zonas comunes son las utilizadas por los clientes de forma comunitaria (salones de reuniones, restaurante, bar, recepción...) y las zonas de servicio son las destinadas exclusivamente al personal del establecimiento (oficinas, vestuarios, *back-office*[5] en la recepción...).

El **subdepartamento de lencería** se encarga de proveer de la ropa necesaria para el correcto desarrollo de las tareas en las zonas de habitaciones, restaurante, bares, salones de reuniones...

Además de esta función, el subdepartamento de lencería se ocupa de la gestión de los uniformes del personal.

Este subdepartamento controla las existencias de ropa para que se puedan prestar los servicios en todo momento. Para ello, realizará inventarios periódicos y registrará escrupulosamente todas las bajas de ropa que se tengan que realizar por desgaste, roturas u otras circunstancias.

El personal que trabaja en esta área son las lenceras, encargadas de la lencería, y dependen organizativamente también de la gobernanta del establecimiento.

---

[5] Zona de la recepción que no está a la vista del cliente y en la cual se realizan tareas más administrativas, como la gestión de reservas, cierre del día, archivo de documentación referente a las reservas, etcétera.

El **subdepartamento de lavandería** se encarga del lavado y planchado tanto de la ropa que se utiliza en el establecimiento (sábanas, colchas, alfombrines, toallas, manteles, servilletas...), como de la ropa de clientes que hacen uso del servicio de lavado del establecimiento.

No es raro que este servicio esté frecuentemente externalizado[6] por el elevado coste de personal, entre otros motivos porque es necesario realizar inversiones importantes en equipamiento, etcétera.

El personal que trabaja en el citado subdepartamento son las lavanderas, planchadoras, costureras y la encargada de lavandería, dependiendo todos ellos de la gobernanta del establecimiento.

1.3. Documentación

En el departamento de pisos se utiliza una cierta documentación característica que pasaremos a describir a continuación:

- Fichas de control de tareas.
- Fichas de control de consumos.
- Hoja de control de minibares.
- Impreso de envío de ropa de clientes a lavandería.
- Vales de pedido de materiales.
- Parte de trabajo de la camarera.

Ficha de control de tareas

Este documento se utiliza para comprobar y registrar que todas las tareas programadas se han ido realizando. Cada establecimiento puede adaptarlo a sus necesidades, pero en el Anexo 1 pueden encontrar dos modelos de referencia.

Ficha de control de consumo de productos

Esta ficha permite llevar un control de los productos que se han consumido en las tareas de limpieza, lavado de ropa, etcétera.

---

[6] El *outsourcing*, también llamado **externalización**, es el proceso en el cual una empresa delega una porción de su proceso de negocio a una compañía externa. Dicha compañía se contrata para desempeñar más eficientemente el trabajo.

Es fundamental llevar un control exhaustivo del consumo de productos para detectar posibles desviaciones con relación al consumo previsto y también para evitar la rotura de *stocks.*[7]

En el Anexo 2 se puede observar un modelo que nos aclara su utilidad.

Hoja de control de minibares

Este impreso tiene como finalidad anotar los consumos diarios realizados por el cliente de productos del minibar que tiene en su habitación. De esta forma, la camarera, siempre que se disponga así en el establecimiento, repondrá los productos consumidos y entregará a la gobernanta el impreso de consumo de cada habitación para que pueda ser remitido a la recepción y cargado en la cuenta del cliente.

Puede verse un modelo de este impreso en el Anexo 3.

Botellas del minibar.

Impreso de envío de ropa de clientes a lavandería

Este impreso se encuentra a disposición de los clientes habitualmente dentro del armario de la habitación encima de la caja fuerte y conjuntamente con la bolsa plástica para introducir en su interior la ropa que el cliente desea que le traten.

El cliente debe cumplimentar el impreso, firmarlo y dejarlo junto a la bolsa de la ropa que desea enviar a la lavandería. La camarera, al recoger la bolsa, deberá comprobar que lo reflejado en el impreso coincide con la ropa depositada en la bolsa. En caso de no coincidir lo reseñado en la bolsa con el contenido de la misma, dejará la bolsa encima de la cama y se le comunicará a la recepción, para que sepa lo sucedido y lo explique al cliente.

Se puede ver un ejemplo de este impreso en el Anexo 4.

Vales de pedido de materiales

El control del material que se utiliza en las tareas de limpieza y mantenimiento del establecimiento es fundamental. Un inadecuado control del mismo puede

---

[7] Situación que se produce cuando no hay existencias suficientes de algún producto para atender la demanda del servicio.

producir una rotura de *stock,* con resultados nefastos para la realización de las tareas diarias del departamento.

Por este motivo, y también obviamente para llevar un control adecuado del consumo de los productos, se hace preciso realizar todos los pedidos de material por escrito. En la actualidad es posible realizar los pedidos a través del programa de gestión del propio establecimiento.

De la misma manera, podemos realizar a diario un listado que nos indique las referencias cuyas existencias no alcanzan el *stock* mínimo. En este caso se puede optar por realizar el pedido del artículo o, si ya ha sido sustituido por otra referencia, obviar el aviso de *stock* mínimo.

Este pedido de material se entrega a la gobernanta y, en este caso, se pueden dar dos circunstancias. La primera de ellas es que el propio departamento de pisos cuente con un almacén desde el que pueda suministrar los materiales solicitados. O, en su defecto, que la gobernanta traslade la petición al economato del establecimiento para que le suministre el material requerido. Ver Anexo 5.

1.3.1. La habitación de hotel: tipos

Existen diversos tipos de unidades alojativas y la existencia de unas u otras dependerá del tipo de alojamiento del que se trate y, a su vez, de la categoría del mismo.

Como hemos indicado en otros apartados, cada comunidad autónoma tiene transferidas las competencias para establecer los requisitos mínimos de cada unidad alojativa. En la Comunidad Autónoma de Canarias se reseñan los siguientes tipos de establecimientos:

Como ya indicábamos en el apartado 1.1.1, los establecimientos turísticos de alojamiento se clasificarán en las siguientes modalidades:

  a) Hotelera.

  b) Extrahotelera.

Tipologías.

  1. La modalidad hotelera comprende los siguientes tipos de establecimientos:

  a) Hotel.

  b) Hotel urbano.

c) Hotel emblemático.

d) Hotel rural.

2. La modalidad extrahotelera comprende los siguientes tipos de establecimientos:

a) Apartamento.

b) Villa.

c) Casa emblemática.

d) Casa rural.

e) Vivienda vacacional.

En cuanto a las unidades alojativas, se distinguen los siguientes tipos:

— Habitaciones dobles.

— Habitaciones individuales.

— *Suites.*

— Apartamentos.

A continuación, detallamos algunas condiciones con las que deben cumplir las unidades alojativas en función a la categoría del establecimiento.

ANEXO 1º del R.D. 142/2010 (artículo 13.1)
DISTRIBUCIÓN POR ZONAS DE LOS ESTABLECIMIENTOS TURÍSTICOS DE ALOJAMIENTO

	HOTEL	HOTEL URBANO	HOTEL EMBLEMÁTICO	HOTEL RURAL	APARTAMENTO	VILLA	CASA EMBLEMÁTICA	CASA RURAL
General	•	•	•	•	•			
Alojamiento	•	•	•	•	•	•	•	•
Servicios y mantenimiento	•	•	•	•	•			
Exteriores y esparcimiento	•				•	•		•

ANEXO 2º del R.D. 142/2010 (artículo 13.2)
ZONAS DE LOS ESTABLECIMIENTOS TURÍSTICOS DE ALOJAMIENTO CON REQUERIMIENTOS MÍNIMOS DE SUPERFICIE ÚTIL

Establecimientos hoteleros

	HOTEL						HOTEL URBANO						HOTEL EMBLEMÁTICO	HOTEL RURAL
	1*	2*	3*	4*	5*	5*GL	1*	2*	3*	4*	5*	5*GL		
Unidad de alojamiento (m²)[1]	16	18	21	25	28	[3]	15	16	19	22	24	[3]	19	19
Plaza extra en las unidades de alojamiento (m²)	6	7	8	9	10	12	6	7	7	8	8	10	6	6
Zona general (m² por plaza de alojamiento)	1	1	1,5	1,75	2	[3]	1	1	1,5	1,75	2	[3]	1,1[2]	1,1[2]

[1] Los metros cuadrados (m²) establecidos corresponden al cómputo de superficie útil total para dos plazas.
[2] La dimensión total mínima del área general en estos establecimientos será de 20 m².
[3] Incluidos en el cuadro de superficies, condiciones y requisitos técnicos mínimos del anexo 3º.

Establecimientos extrahoteleros

	APARTAMENTO			VILLA	CASA EMBLEMÁTICA	CASA RURAL
	3*	4*	5*			
Unidad de alojamiento (m²)[1]	39	44	50	56	35	35
Plaza extra en las unidades de alojamiento (m²)	7	8	10	10	6	6
Área general (m² por plaza de alojamiento)	1	1,5	1,75	...	...	...

[1] Los metros cuadrados (m²) establecidos corresponden al cómputo de superficie útil total para dos plazas.

ANEXO 3º del R.D. 142/2010 (artículo 13.3)
SUPERFICIES, CONDICIONES Y REQUISITOS TÉCNICOS MÍNIMOS

Hoteles de Cinco estrellas Gran Lujo

DEPENDENCIAS		SUPERFICIE (m² útiles a un nivel)/ UNIDADES	CONSIDERACIONES
UNIDAD DE ALOJAMIENTO (no incluida la superficie de terraza)	DOBLE	35	Las unidades tendrán, como mínimo, espacio y equipamiento d. sueño, servicio higiénico y almacenaje para el uso por parte d. dos personas.
	INDIVIDUAL	29	Las unidades contendrán, como mínimo, espacio y equipamiento de sueño, servicio higiénico y almacenaje necesario para el us. por parte de una persona.

	DEPENDENCIAS		SUPERFICIE (m² útiles a un nivel)/ UNIDADES	CONSIDERACIONES
UNIDAD DE ALOJAMIENTO (no incluida la superficie de terraza)	*SUITE*	Junior	44	Las unidades contendrán, como mínimo, espacio y equipamiento de sueño, estancia de trabajo, servicio higiénico y almacenaje necesario para el uso por parte de dos personas, pudiendo tener equipamiento convertible en cama para otras dos personas.
		Premium o superior	70	Las unidades contendrán, como mínimo, espacio y equipamiento de sueño, estancia de trabajo, servicio higiénico y almacenaje necesario para el uso por parte de dos personas, pudiendo tener equipamiento convertible en cama para otras cuatro personas.
ZONAS COMUNES	Salón comedor conjuntamente con zonas comunes		4 m² por plaza	Las superficies destinadas a instalaciones de tiendas, locales comerciales, restaurantes o bares que no sean los propios del establecimiento, oficinas, etc., no computan en los salones de uso común.
	Bares / Cafeterías		2	
	Restaurante bufé		1	
	Restaurante - Carta		2	
	Restaurante - Carta en zona piscina		1	
	Piscina		3 m² de lámina de agua por unidad de alojamiento.	
	Zona ajardinada		15 m² por plaza alojativa	De estos 15 m² de zona ajardinada, 3 m² de parcela podrán destinarse a dotaciones deportivas que no supongan aumento de la edificabilidad.
	Instalaciones de ocio y esparcimiento que diversifiquen y cualifiquen la oferta de alojamiento		3 m² construidos por plaza de alojamiento.	
	Vestuarios y servicios higiénicos			
	Depósitos de equipajes			
	Peluquería			
	Gimnasio			
COMUNICACIONES	Escaleras			De clientes
				De servicio
	Ascensores			A partir de 2 plantas
	Montacargas			A partir de 2 plantas. Los montacargas tendrán que estar conectados directamente con las zonas de servicio.
	Accesos y salidas			De clientes
				De servicio
	Dimensión de escaleras		A = 2,00 m	
	Pasillos acceso a habitaciones		A = 2,00 m	Podrá descontarse de los anteriores anchos un 15 % si las habitaciones están a un solo lado.
ZONA DE SERVICIOS	Entrada de personal			Independiente para personal, mercancías y aprovisionamientos.
	Vestuarios de personal			Independiente hombres y mujeres.
	Oficios		1	En cada planta. Conectados con escalera de servicio y montacargas.
	Almacén de ropa limpia.			

ANEXO 4º del R.D. 142/2010 (artículo 20.1)
TABLAS DE EQUIPAMIENTOS MÍNIMOS

Tabla 4.1. Equipamientos mínimos comunes

Equipamientos mínimos comunes
 	
Unidades de alojamiento
	— Sistema de cierre de seguridad en puertas de acceso.
	— Sistema efectivo de oscuridad que impida totalmente la entrada de luz a voluntad del usuario turístico.
	— Sistema de apagado de la luz principal desde la cama y a la salida de la habitación.
	— Enchufes no disponibles para otro uso, con indicador de voltaje, con un mínimo de dos, estando uno de ellos en la zona de aseo y otro en el resto de la unidad de alojamiento.
	— Mesa de trabajo o escritorio con iluminación propia y adecuada con su silla correspondiente[1].
	— Televisor.
	— Teléfono.
	— Camas dobles o individuales con las siguientes dimensiones mínimas:
	  · Individuales: 90 cm de ancho por 200 cm de largo.
	  · Dobles: 150 cm de ancho por 200 cm de largo.
	— Equipamiento de cama compuesto por colchón y protector de colchón.
	— Ropa de cama, por cama, y juego de toallas por usuario turístico[2].
	— Mesa de noche o estructura dedicada a idéntica función.
	— Sistema de iluminación adecuado para la lectura.
	— Portamaletas o estructura apta para la colocación y apertura de maletas y análogos.
	— Armario, vestidor o espacio destinado a ese fin con un número suficiente de perchas, de material no deformable y estilo homogéneo.
	— Espejo de cuerpo entero.
	— Inodoro.
	— Lavamanos.
	— Zona de baño con $S = 1,5\ m^2$.
	— En la zona de baño se dispondrá sistema que impida la salida de agua.
	— Las suites contarán con ducha y bañera independientes.
	— Secador de pelo con potencia mínima de 1800 watios.
	— Soporte para colocar objetos de aseo en caso de no contar con encimera o similar.
	— Toalleros, perchas o colgadores con capacidad suficiente.
	— Portarrollos para papel higiénico.

Equipamientos mínimos comunes **Conservación, manipulación y consumo de alimentos en extrahoteleros**	— La zona de cocina contará con luz propia. — Campana o sistema para favorecer la extracción de humos. — Placa de cocción. — Fregadero. — Nevera. — Superficie de trabajo para manipulación y consumo de alimentos. — Muebles para utensilios de cocina. — Vajilla, cubertería y cristalería en número adecuado a la capacidad del alojamiento. — Menaje y lencería suficiente para la manipulación y consumo de alimentos. — Utensilios de limpieza. Además: — En apartamentos de cinco estrellas y en las villas se dispondrán lavavajillas, lavadora, secadora, cafetera y hornos de uso convencional y microondas. — En las casas rurales y en las casas emblemáticas se dispondrá de lavadora o instalaciones de lavandería.

[1] Quedan exceptuados los hoteles y hoteles urbanos de dos y una estrella, los hoteles emblemáticos y rurales, y los apartamentos de categoría inferior a cinco estrellas y villas.

[2] En los establecimientos en los que la periodicidad del servicio de limpieza no sea diaria deberá dotarse la unidad de alojamiento de un juego de ropa de cama y un juego de toalla por cada plaza y tiempo de estancia. En caso de que la contratación fuese superior a una semana, se dotará de otro juego por cada semana o fracción de estancia.

Tabla 4.2. Equipamientos mínimos - Hoteles Cinco estrellas Gran Lujo

Equipamientos mínimos Hoteles cinco Estrellas Gran Lujo **Unidades de alojamiento**	— Aire acondicionado. — Existencia de enchufes disponibles no utilizados para otro tipo de dispositivo permanente, con indicadore de voltaje, con un mínimo de dos en la zona de aseo y otros dos en el resto de la unidad de alojamiento. — Mandos de conexión y graduación de intensidad del aire acondicionado y luces en la cabecera de la cama. — Camas dobles con dimensiones de 200 × 200 cm, con colchones de alta densidad y protector de colchón. Ropa de cama de alta calidad. — TV y equipo audiovisual que puedan ser ocultados. — En la zona de baño se dispondrá mampara que impida la salida de agua. — Suministo por plaza de alojamiento turístico de reposición diaria que contenga como mínimo: champú, acondicionador de cabello, gel de baño, crema corporal, cepillo o peine, esponja de ducha, kit de afeitado, kit de desmaquillaje, pasta y cepillo de dientes y crema acondicionadora. — Albornoz y zapatillas. — Espejo de graduación con luz incorporada. — Toalla de suelo o alfombra de baño.
Equipamientos mínimos Hoteles Cinco Estrellas Gran Lujo **Zonas comunes**	— Aire acondicionado en todas las zonas. Exteriores: — Vestuarios y servicios higiénicos dotados con duchas e inodoros. — Hamaca o mobiliario de análoga naturaleza por plaza de alojamiento turístico. — Mobiliario auxiliar complementario para cada dos hamacas o plazas de alojamiento turístico. — Colchonetas por cada hamaca. — Toalla por plaza de alojamiento turístico. — Sombrillas o sistema protector análogo en porcentaje no inferior al 40 % de las hamacas.
Equipamientos mínimos Hoteles Cinco Estrellas Gran lujo **Zonas de servicio**	Vestuario de personal: — Taquillas individuales con perchas, bancos o asientos. — Aseos con lavabo, ducha e inodoro. Oficios: — Fregadero y zona de almacenaje independientes para artículos de limpieza y lencería limpia. — Teléfono. — Comunicado con escalera de servicio y montacargas.

ANEXO 5º del R.D. 142/2010 (artículo 23)
TABLAS DE SERVICIOS INCLUIDOS EN EL PRECIO DEL ALOJAMIENTO

Tabla 5.1. Servicios incluidos en el precio del alojamiento - Hoteleros

	HOTEL						HOTEL URBANO						HOTEL EMBLEMÁTICO	HOTEL RURAL
	1*	2*	3*	4*	5*	5*GL	1*	2*	3*	4*	5*	5*GL		
Suministro permanente de agua, de energía y de combustible, en su caso	•	•	•	•	•	•	•	•	•	•	•	•	•	•
Cunas	•	•	•	•	•	•	•	•	•	•	•	•	•	•
Custodia de dinero y objetos de valor en caja fuerte general, contra recibo	•	•	•	•	•	•	•	•	•	•	•	•	•	•

	HOTEL						HOTEL URBANO						HOTEL EMBLEMÁTICO	HOTEL RURAL
	1*	2*	3*	4*	5*	5*GL[2]	1*	2*	3*	4*	5*	5*GL[2]		
Cajas fuertes individuales	~	~	~	•	•	•	~	~	~	•	•	•	•	•
Depósito de equipajes	•	•	•	•	•	•	•	•	•	•	•	•	•	•
Servicios de mantenimiento y limpieza	•	•	•	•	•	•	•	•	•	•	•	•	•	•
Acceso a internet en área general	•	•	•	•	•	•	•	•	•	•	•	•	•	•[1]
Acceso a internet en área de alojamiento	~	~	~	•	•	•	~	~	~	•	•	•	•	•[1]
Asistencia médica (propia o concertada)	•	•	•	•	•	•	•	•	•	•	•	•	•	•

[1] El servicio queda condicionado a la posibilidad real de su contratación por el establecimiento con la compañía correspondiente.
[2] Además, tendrá que cumplir con los mínimos del cuadro de servicios incluidos en la Tabla 5.3 del Anexo 5º.

Tabla 5.2. Servicios incluidos en el precio del alojamiento - Extrahoteleros

	HOTEL			VILLA	CASA EMBLEMÁTICA	CASA RURAL
	3*	4*	5*			
Suministro permanente de agua, de energía y de combustible, en su caso	•	•	•	•	•	•
Cunas	•	•	•	•	•	•
Custodia de dinero y objetos de valor en caja fuerte general, contra recibo	~	~	•	•	~	~
Cajas fuertes individuales	~	~	•	•	~	~
Depósito de equipajes	~	~	•	•	~	~
Servicios de mantenimiento y limpieza	•	•	•	•	•	•
Acceso a internet en área general	•	•	•	~	~	~
Acceso a internet en área de alojamiento	~	~	•	•	~	~
Asistencia médica (propia o concertada)	•	•	•	•	•	•

Tabla 5.3. Servicios incluidos en el precio del alojamiento
Hoteles Cinco estrellas Gran Lujo

Servicios incluidos en el precio del alojamiento en Hoteles Cinco estrellas Gran Lujo Zonas comunes	— Servicio de recepción con personal que hable además del español, alemán e inglés. — Servicio de conserjería. — Servicio de portería, aparcacoches. — Servicio de botones. — Servicio de consigna. — Servicio de seguridad. — Servicios de gestión al cliente tales como despertador, realización de reservas, alquileres de vehículos, gestión de la compra de entradas a eventos u otros similares.

Servicios incluidos en el precio del alojamiento en Hoteles Cinco estrellas Gran Lujo **Zonas comunes**	— Servicio Wifi. — Servicios de oficina tales como ordenadores con conexión a internet, fax, impresora, fotocopiadora, escáner y otros. — Servicio de transporte para clientes del hotel a aeropuertos / puertos (propio o concertado). — Servicio de relaciones públicas. — Prensa internacional, nacional y local actualizada diariamente. — Servicio de Bar-Cafetería*. — Servicio de restauración adaptado a celíacos, vegetarianos y diabéticos*. — Piscina climatizada. — Servicio de hamaqueros, toallas y colchonetas. — Servicio de primeros auxilios. — Servicio diario (12 horas al día) de mini-club (actividades de entretenimiento infantil).
Servicios incluidos en el precio del alojamiento en Hoteles Cinco estrellas Gran Lujo **Unidades de alojamiento**	— Servicio de cobertura. — Servicio de mayordomía. — Carta de almohadas y ropa de cama que, al menos, comprenda la posibilidad de elegir entre ropa de cama orgánica o antialérgica. — Multiadaptador para reproductores de imagen y sonido de diferentes tipos. — Prensa internacional, nacional y local actualizada diariamente a petición del usuario turístico. — Servicio de mantenimiento y limpieza. — Servicio de lavado en agua y planchado de ropa en tiempo inferior a 24 horas*. — Servicio de limpieza en seco de ropa, propio o concertado*. — Servicio de comidas y bebidas*.

* Solo se incluye en el precio del alojamiento el derecho a recibir el servicio, no las consumiciones que se realicen o su coste.

Recientemente se han venido publicando diversos decretos en varias comunidades autónomas que regulan el **uso turístico de viviendas**. En este sentido, se entiende que se trata de viviendas amuebladas y equipadas en condiciones de uso inmediato y reuniendo los requisitos previstos en cada reglamento, y que son comercializadas o promocionadas en canales de oferta turística para ser cedidas temporalmente y en su totalidad a terceros, de forma habitual, con fines de alojamiento vacacional y a cambio de un precio.

Requisitos de equipamientos mínimos

Las viviendas vacacionales deberán contar con el equipamiento mínimo establecido en el presente artículo, en cada una de sus dependencias, de forma proporcional al número de sus ocupantes y acorde a la actividad desarrollada en las mismas, siendo:

1. Equipamiento general.

   a) Cierre interior de seguridad en puertas de acceso.

   b) Botiquín de primeros auxilios.

2. Dormitorio.

a) Iluminación para la lectura junto a cada cama.

b) Sistema efectivo de oscurecimiento de cada dormitorio con los que cuente.

c) Perchas de material no deformable y estilo homogéneo adecuadas al número de personas usuarias.

d) Camas dobles o individuales con las siguientes dimensiones mínimas:

— Individuales: 0,90 m × 1,90 m.

— Dobles: 1,35 m × 1,90 m.

e) Equipamiento mínimo y ropa de cama suficiente por persona usuaria:

- Protector de colchón.

- Sábanas o similar.

- Manta y almohada.

- Cubrecama. En caso de que la contratación fuese superior a una semana, se dotará de otro juego de cama por persona usuaria para cada semana o fracción.

3. Baño.

- Espejo.

- Secador.

- Portarrollos para papel higiénico.

- Alfombrilla.

- Soporte, con capacidad suficiente, para colocar objetos de aseo en caso de no contar con encimera o similar.

- Talleros, perchas o colgadores con capacidad suficiente.

- Sistema que impida la salida de agua en la bañera o plato de ducha.

- Toallas de baño por cada persona usuaria.

- Toalla de mano por cada persona usuaria.

- Cuando la estancia fuese superior a una semana, se dotará de otro juego de toallas por persona usuaria para cada semana o fracción.

4. Cocina.

- Horno o microondas.

- Cafetera.

- Vajilla, cubertería y cristalería en número adecuado a la capacidad de las personas usuarias.
- Menaje y lencería suficiente para la manipulación y consumo de alimentos.
- Utensilios de limpieza.
- Plancha y tabla de planchar.

1.3.2. Peculiaridades de la reguiría de pisos en entidades no hoteleras

Las peculiaridades del departamento de reguiría de pisos en las entidades no hoteleras vienen determinadas por el motivo de la estancia de los clientes o usuarios de las mismas.

En el caso de los establecimientos hoteleros o turísticos, sus clientes, fundamentalmente, se alojan por motivos de ocio; si bien es cierto que algunos clientes lo hacen por motivos profesionales, pero los servicios que reclaman en nuestro departamento no distan mucho de los que solicitan aquellos clientes que se alojan por motivos de ocio.

En el negocio turístico, las fechas de llegadas y salidas son más o menos previsibles, lo que hace que las necesidades de personal puedan conocerse con algo de anticipación y podamos contar con parte de la plantilla eventual.

Por otro lado, en entidades no hoteleras, como veremos más adelante, se cuenta con otras necesidades y en muchos casos los usuarios de las instalaciones sufren alguna patología, muchas de las cuales son contagiosas, por lo que se debe extremar la precaución a la hora de realizar las tareas de limpieza.

1.3.3. Hospitales y clínicas

Antes de comenzar con las especificidades de la limpieza en los centros hospitalarios, es necesario aclarar algunos conceptos básicos.

Desinfección: operación mediante la cual se destruyen o se evita el desarrollo de los microorganismos, excepto las formas de resistencia de los fluidos, objetos y superficies.

Limpieza: acción mediante la que se elimina la suciedad (manchas visibles o partículas macroscópicas no inherentes al material que se va a limpiar) de una superficie o de un objeto, sin causarle daño.

Limpieza de rutina: aquella que se realiza aplicando las técnicas básicas de limpieza.

Limpieza general: aquella que se realiza en profundidad, en la que además de la limpieza de las superficies de uso cotidiano, también se limpian las paredes, los techos y, si es preciso, se movilizan y/o se desmontan las estructuras del mobiliario.

Limpieza terminal: aquella que se realiza cuando finaliza un proceso (limpieza al final de la programación de un área quirúrgica, o en una habitación cuando el paciente se va de alta), para dejar de nuevo operativa un área determinada.

Limpieza especial: aquella que se realiza en situaciones excepcionales. Un ejemplo de limpieza especial es la que se puede realizar en un quirófano después de que se desmontan las rejillas de aireación para limpiar su superficie interior y en la que se saca fuera del quirófano todo su mobiliario no fijo, de modo que este se limpia a fondo estando totalmente vacío, y fuera de él se limpia también a fondo todo el mobiliario no fijo desmontando sus estructuras.

Técnicas básicas de limpieza: constan de la realización inicial de una limpieza de superficies, mediante un paño humedecido, seguida del barrido húmedo y posterior fregado mediante el método del doble cubo.

- **Barrido húmedo**: procedimiento de eliminación de la suciedad del suelo mediante el uso de medios que permiten la adherencia de las partículas evitando su diseminación en el ambiente. Para ello, suelen emplearse mopas húmedas.

- **Técnica de doble cubo**: sistema de fregado del suelo que supone la utilización de un dispositivo que cuenta con dos cubos, habitualmente uno de color azul (cubo de limpio) y otro de color rojo (cubo de sucio).

División del hospital:

El hospital se divide en tres áreas en relación con el nivel de riesgo de infección que le supone al paciente y/o en función del trabajo que se realiza en el área y que puede repercutir en el paciente. Estas áreas son:

A) De alto riesgo, incluye:

- Área quirúrgica.

- Unidad de Cuidados Intensivos.

- Unidad de Reanimación.

- Unidad de Quemados.

- Unidades especiales de técnicas invasivas en radiología.

- Unidad de Hemodiálisis.

- Unidad de Hemodinámica.

- Neonatología.

- Paritorios.

- Habitaciones de aislamiento y trasplantes.

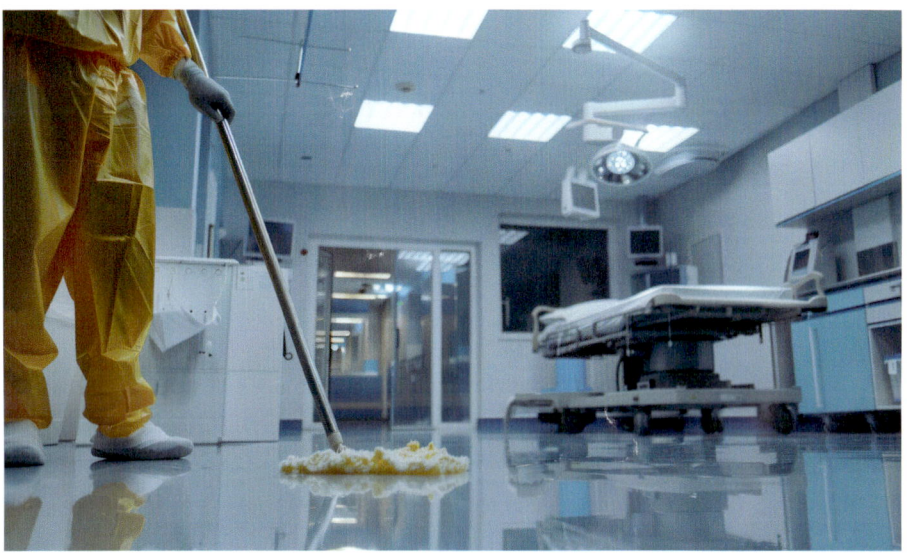

Limpieza con mopa de microfibra húmeda, impregnada con el producto de limpieza
y desinfección para evitar la contaminación cruzada.

B) De riesgo medio, incluye:

- Unidades de hospitalización.

- Servicios centrales: esterilización, farmacia, hospital de día, rehabilitación, cocina, radiología, laboratorios y lavandería.

- Consultas externas.

- Urgencias.

- Sala de autopsias.

C) De bajo riesgo, incluye:

- Biblioteca.

- Mortuorio.

- Lencería.

- Archivo de historias.

- Talleres.
- Cafetería.
- Oficinas.
- Despachos.
- Salón de actos.
- Sala de máquinas.
- Vestíbulos.
- Escaleras.
- Patios.
- Central de teléfonos.
- Sala de juntas.
- Capilla.
- Pasillos.
- Ascensores.
- Vestuarios.
- Otras no especificadas.

A modo de ejemplo presentamos a continuación el protocolo de limpieza de una habitación hospitalaria ocupada.

Desinfección con máquinas de ozono, que constituyen la mejor elección para el control de infecciones y epidemiología hospitalaria. El ozono, gracias a su gran poder oxidante de la materia orgánica, puede destruir en solo unos segundos toda clase de microorganismos.

PROTOCOLO DE DESCRIPCIÓN DE LA TÉCNICA BÁSICA DE LIMPIEZA

La limpieza se hará con el máximo silencio y respetando escrupulosamente el horario asignado. Si queda interrumpido el trabajo, no se debe dejar ningún elemento que intercepte el paso del personal.

La limpieza se iniciará por las zonas no ocupadas, adaptándose en cada unidad a la rutina del trabajo de la propia unidad, respetando siempre la frecuencia. Independientemente de la frecuencia estipulada en este documento, la limpieza se hará siempre que se observe cualquier tipo de anomalía o deficiencia.

Materiales

- Carro con dos zonas bien delimitadas, una zona limpia y otra sucia. Este carro lleva integrado el sistema de doble cubo (azul y rojo) y fregona. Para zonas generales puede disponerse de carros que llevan incorporado solo el sistema de doble cubo.
- Paños (azul, amarillo, rojo).
- Dos cubos pequeños (uno azul y otro rojo) para la limpieza de superficies diferentes al suelo, y para limpiar los paños después de cada habitación.
- Mopa.
- Un recogedor de polvo pequeño.
- Bolsas de polvo de repuesto.
- Papel higiénico.
- Guantes de goma domésticos de uso individual.
- Recambios de jabón líquido.
- Reposición de papel de un solo uso y de jabón.
- Solución desinfectante.
- Solución detergente.
- Solución detergente-desinfectante (Sol. DD).
- Desincrustador. Todas las soluciones deben estar aprobadas previamente por la Unidad de Medicina Preventiva.

Utilización de los materiales

Barrido húmedo: el barrido se inicia recorriendo la estancia en zigzag (no se debe pasar dos veces por el mismo lugar).

Fregado: se realiza después de proceder a la eliminación del polvo. En los hospitales esta operación se hace siguiendo la técnica de doble cubo: el cubo limpio es de color azul y el rojo es el cubo sucio. Para el contenido de los cubos, se presentan tres opciones y las tres son válidas.

- Opción A:

    — Cubo AZUL: agua + detergente + desinfectante.

    — Cubo ROJO: agua.

Carro de limpieza de doble cubo.

- Opción B:

    — Cubo AZUL: agua + desinfectante.

    — Cubo ROJO: agua + detergente.

- Opción C:

    — Cubo AZUL: agua + detergente + desinfectante.

    — Cubo ROJO: agua + detergente + desinfectante.

Recomendación del grupo de trabajo:

Cubo color AZUL: 9 litros de agua + opción escogida.

Cubo color ROJO: 4 litros de agua + opción escogida.

- Procedimiento de la técnica de doble cubo:
  - Se coloca la prensa o escurridor sobre el cubo rojo.
  - Se introduce la fregona limpia en el cubo azul.
  - Se escurre la fregona sobre el cubo rojo.
  - Se friega, procurando siempre ir de la zona limpia a la zona sucia de la estancia.
  - Se introduce la fregona en el cubo rojo, se enjuaga varias veces y se escurre al máximo.
  - Se sumerge la fregona en el cubo azul.
  - Se escurre moderadamente y se sigue fregando. Se deberá cambiar el agua lo más frecuentemente posible cuando se agota la solución del cubo azul y siempre cuando el agua del cubo rojo esté visiblemente sucia.

Limpieza con mopa húmeda:

Cada vez es más habitual la utilización de una mopa que se adquiere impregnada previamente con la sustancia desinfectante. El/la operario/a de limpieza no tiene ni siquiera que tocar la mopa, pues estas están impregnadas y no precisan ser remojadas. Cuando se ha terminado la limpieza y desinfección de cualquier zona, basta con sustituir la mopa usada por otra nueva. Con este sistema, las garantías de desinfección son mucho mayores que con medios más convencionales, además de ofrecer más seguridad para el/la operario/a ante posibles casos de infección.

Limpieza con paños:

Los paños son clasificados por colores en función de donde vayan a ser utilizados.

- Paño de **color azul**. Se utilizará para limpiar todo objeto o superficie que no sea ni sanitarios ni retrete.
- Paño de **color amarillo**. Se utilizará únicamente para limpiar los sanitarios que no sean retretes.
- Paño de **color rojo**. Se utilizará únicamente para limpiar retretes.

De la misma manera que se hace con el fregado utilizando dos cubos, en este caso se utilizarán otros dos cubos: uno para aclarado del paño y otro para impregnar el paño con la solución desinfectante.

PROCEDIMIENTOS DE LIMPIEZA

Limpieza de mobiliario. Procedimiento:

Se impregna el paño de color azul con la solución detergente-desinfectante (DD), teniendo en cuenta que la limpieza debe comenzar desde las zonas más altas a las más bajas, y de derecha a izquierda o viceversa. Si existen manchas, pulverizarlas directamente y aclarar posteriormente, siempre teniendo en cuenta el material de que está compuesto el mobiliario.

Limpieza de servicios/aseos. Procedimiento:

1. Vaciar el cubo de la basura.

2. Fregar con estropajo si existen manchas u óxido.

- **Aseos:** limpiarlos con el paño amarillo, siguiendo la secuencia siguiente:

    1. Espejo.

    2. Repisa o estante.

    3. Grifería.

    4. Lavabo.

    5. Ducha/baño.

    6. Dispensador de papel higiénico y de jabón.

    7. Interruptores.

    8. Pestillo de puerta.

    9. Frotar con el paño amarillo siguiendo la secuencia descrita anteriormente. Si existen manchas u óxido, fregar con el estropajo.

    10. Aclarar con agua la grifería, el lavabo y la ducha/baño.

    11. Secar la grifería, el espejo y la repisa con papel de un solo uso. Al finalizar la limpieza, el paño de color amarillo deberá lavarse en la solución del cubo pequeño de color rojo.

- **Retretes:**

    1. Limpiarlos con el paño rojo.

    2. Vaciar la solución del soporte de la escobilla en el retrete y tirar de la cadena.

    3. Pulverizar con la solución DD el inodoro por dentro y por fuera y los azulejos que rodean el urinario, dejando actuar al menos cinco minutos.

4. Limpiar el inodoro desde el exterior al depósito, hacia la tapa, encima y debajo. Para garantizar que la limpieza se ha realizado correctamente en las partes bajas del inodoro, se puede utilizar un pequeño espejo de bolsillo.

5. Pulverizar el interior de la cubeta con la solución DD y limpiarla con la escobilla.

6. Llenar el soporte de la escobilla con la solución DD. Al finalizar la limpieza, el paño de color rojo deberá lavarse en la solución del cubo rojo pequeño. La solución del cubo deberá cambiarse entre cada habitación.

- **Limpieza del suelo. Procedimiento**:

  1. Recogida de restos mediante arrastre o barrido húmedo. Dentro del hospital solo se utilizará este tipo de barrido.

  2. El fregado se hará con el método de doble cubo, utilizando la técnica de zigzag, comenzando por el perímetro del área que está pegada al zócalo o a la pared. En las zonas más sucias se utilizará cepillo, siempre en húmedo.

  3. En los pasillos se limpiará primero una mitad y después la otra, siguiendo el recorrido en zigzag, comenzando por el perímetro del área que está pegada al zócalo o pared. Se señalizarán siempre, con los medios que se estimen oportunos, las superficies mojadas.

- **Limpieza de paredes y techos**

  — No será rutinaria, salvo que existan manchas visibles. La frecuencia dependerá del área que se necesite limpiar.

  — Procedimiento: se hará de forma horizontal, de izquierda a derecha o viceversa y siempre de arriba a abajo. Pueden utilizarse métodos mecánicos, aprobados por la Unidad de Medicina Preventiva.

- **Limpieza de cristales**

  — La frecuencia se establecerá en el protocolo del centro, según el área que se vaya a limpiar y siempre teniendo en cuenta que no tengan manchas visibles.

- **Limpieza de ascensores**

  — La limpieza consistirá en un mantenimiento continuo, con la frecuencia que se especifique en el protocolo del centro, según las zonas.

— Procedimiento: la limpieza del suelo se hará con el método de doble cubo, ya descrita.

— La limpieza de las paredes se hará con el paño azul impregnado en solución DD.

- **Limpieza de otras superficies**

  — Las ventanas (marcos y cara interna de los cristales), repisas, estantes, pestillos de las puertas, mobiliario, útiles de oficina, ordenadores, etc., se limpiarán según lo especificado en el protocolo del centro y siempre teniendo en cuenta los materiales de que están compuestos.

  — Las sillas de ruedas y camillas se limpiarán según lo especificado en el protocolo del centro.

  — Las camas, cuando se utilicen para el traslado del paciente al área quirúrgica, deberán contar con un protocolo específico de limpieza.

  — Todas estas superficies, siempre que sea posible por su composición, se limpiarán con una bayeta (color azul) humedecida en el detergente y/o desinfectante, empleado en los cubos pequeños.

  — Las piscinas se limpiarán según el protocolo específico.

  — Las cocinas se limpiarán según el protocolo específico. Limpieza y desinfección del material de trabajo.

- Todos los días al finalizar la limpieza de cada una de las áreas, el material de trabajo se debe:

  — Limpiar con agua y detergente y se desinfectará, manteniéndolo durante quince minutos con una solución de lejía; en caso de usar un producto comercial, que deberá estar aprobado por la Unidad de Medicina Preventiva, es necesario seguir las instrucciones del fabricante.

  — Enjuagar y aclarar.

  — Posteriormente, secar y almacenar.

1.3.4. Residencias para la tercera edad

La realización de las operaciones de limpieza en las residencias de la tercera edad o centros sociosanitarios tiene también sus peculiaridades. En estos centros hay que distinguir entre aquellos que tienen usuarios internos y aquellos que son solo centros de día, aunque muchos ofrecen ambos servicios.

La limpieza en estos centros debe ser muy profesional porque se dan dos circunstancias fundamentales en gran parte de los usuarios:

- Gran facilidad para contraer enfermedades por disminución natural de sus sistemas inmunológicos.

- Se trata de personas candidatas fáciles a sufrir un mayor número de accidentes por deterioro de su sistema locomotor y reflejos, unido a una disminución de sus facultades sensoriales, e incluso en algunos casos mentales.

Estas circunstancias hacen que exista una gran variedad de equipamientos que no se encuentran en otras instalaciones y que es preciso higienizar; entre estos podemos nombrar las barras en los aseos, camas con sistema anticaída, adaptadores para el aseo en las duchas...

La limpieza debe perseguir entre otros objetivos evitar que se propaguen infecciones y la contaminación de los residentes a los visitantes o familiares e incluso del exterior a los residentes.

En primer lugar, hay que tener en cuenta que los usuarios de las instalaciones son personas mayores y habitualmente medicadas y que pueden resultar contagiadas por enfermedades con mayor facilidad, ya que su salud suele ser más débil.

En bastantes casos padecen enfermedades degenerativas que les llevan a situaciones en las que se producen derrames de líquidos, alimentos, excrementos, saliva u otras secreciones con el agravante de que ellos por sí mismos no pueden proceder a la limpieza.

La limpieza y desinfección se debe extremar para contribuir a crear un ambiente más agradable a los usuarios, pero también a los trabajadores. Además, en ese ambiente limpio, los familiares de los usuarios estarán más tranquilos y a gusto con el trato que se ofrece a sus parientes.

El personal de limpieza en los centros geriátricos debe recibir una formación especializada, sensibilizándose en cuestiones como:

- Dificultad de movimiento que sufren algunos usuarios, que se une a su deterioro sensorial y que obliga a esmerar la limpieza para evitar caídas por suelos resbaladizos, etcétera. Se tienen que evitar todo tipo de barreras físicas (desniveles, artículos decorativos como plantas, esculturas, etcétera).

- Hay que ser especialmente cuidadosos con los productos de limpieza y tenerlos siempre controlados, ya que algunos usuarios pueden padecer alzhéimer, demencia senil, sordera o ceguera.

- También es posible que algunos residentes no entiendan que no pueden pasar por un suelo recién fregado. En algunas ocasiones, incluso nos veremos obligados a acotar temporalmente la zona para que no transiten.

- Además de todas las actitudes y aptitudes requeridas para realizar las tareas habituales de limpieza, se necesitarán también paciencia, tolerancia, vocación y orden.

Por otro lado, nos encontramos con otra peculiaridad, y es que si bien es obligatorio un alto grado de desinfección, también debemos ser cuidadosos con las contraindicaciones de los productos utilizados, ya que podrían ocasionar reacciones alérgicas en los usuarios. La utilización de guantes de látex es un requisito inexcusable en el departamento de limpieza, especialmente en estas instalaciones.

La limpieza de mobiliario se debe realizar con una bayeta impregnada en un producto adecuado para cada superficie, evitando de esta forma el polvo en suspensión.

La limpieza del suelo se realizará con aspiradora o con una mopa humedecida y para el fregado utilizaremos el sistema de doble cubo ya descrito anteriormente. Después del fregado, el piso deberá quedar perfectamente seco para evitar deslizamientos por parte de los usuarios. En caso de poder hacerlo así, como ya hemos descrito anteriormente, se procederá al acotado temporal de la zona.

Para la limpieza con bayetas de microfibra[8] utilizaremos el mismo sistema que en los centros hospitalarios, diferenciando las zonas que se van a limpiar por colores, por ejemplo.

- Azul: limpieza general de superficies, muebles y oficinas.

- Verde: limpieza de superficies en quirófanos, salas de curas, cocinas.

- Amarillo: limpieza de superficies sanitarias, baño, lavabos, baldosas.

- Rojo: limpieza de inodoros y urinarios.

---

[8] La **microfibra** es un tipo de fibra sintética muy fina con la que se fabrica un textil no tejido llamado, por extensión, también *microfibra*. La forma de la fibra les confiere una alta capacidad de absorción, por lo que los productos hechos con este material son buenos para secar, para limpiar, etc. El hecho de que absorba el doble que el algodón hace que una toalla pueda ser más fina y ligera, o que una bayeta necesite una cantidad menor de producto de limpieza. Dentro del ámbito de la limpieza, otra ventaja es que no deja residuos en forma de vello ni trazas de la trayectoria del fregado, en un cristal, por ejemplo.

Otro elemento fundamental que se debe tener en cuenta es la periodicidad de los procedimientos de limpieza que se va a desarrollar en el centro.

Diariamente:

- Se procederá a la aireación de todas las dependencias. Hay que ser especialmente cuidadosos en invierno para evitar corrientes de aire que puedan afectar a los usuarios.

- Limpieza de cabeceros, mesillas, sanitarios, manivelas, suelos y cualquier mancha que se encuentre en los dormitorios.

- Limpieza de las zonas comunes, incluyendo mobiliario, sanitarios, pasamanos, pasillos, manivelas y manchas en las puertas.

- Limpieza de zonas de cocina, despensa, *office* y resto de superficies que presenten manchas.

- Limpieza de la recepción y zona de visitas.

- Servicios de lavandería y planchado de ropa personal y lencería de camas, así como la ropa de los comedores.

Semanalmente:

- Limpieza de las ventanas de forma rotativa.

Mensualmente:

- Limpieza de la cocina y de su maquinaria.

Trimestralmente:

- Limpieza, salvo necesidades puntuales, del interior de los armarios, cajones de cómodas, mesillas, etcétera.

De forma periódica:

- Tratamientos preventivos contra plagas como hormigas, cucarachas y demás insectos y roedores que suelen ser subcontratados a empresas externas.

- Limpieza de filtros, conducciones y alcachofas de duchas para evitar brotes de bacterias como la legionela (suele realizarlo el departamento de mantenimiento o, en su defecto, una empresa externa).

- Existe otra serie de tareas que deben ser realizadas a demanda de la necesidad, entre las que se pueden encontrar, la reposición de desechables, como papel higiénico, jabón para las manos, desinfectantes, rollos de papel secamanos, ambientadores, etcétera.

1.3.5. Otros alojamientos no turísticos

Entre los establecimientos de alojamiento no turísticos se pueden encontrar las residencias de estudiantes, apartamentos residenciales o los alojamientos para personal de determinadas empresas que, por la lejanía de sus sedes de los núcleos poblacionales, facilitan alojamiento a los trabajadores de su empresa.

El ciclo de las tareas llevadas a cabo en estos establecimientos es similar al de los establecimientos turísticos, pero variará fundamentalmente en función de los servicios pactados con el ocupante de la unidad alojativa.

1.4. La camarera de pisos

La camarera de pisos desarrolla su actividad en el departamento de pisos del establecimiento alojativo. Depende jerárquicamente de la subgobernanta y/o supervisora de pisos y esta a su vez de la gobernanta, que es la responsable general del departamento.

La camarera de pisos tiene la función principal de ejecutar la limpieza de las habitaciones asignadas cada mañana por la gobernanta en su control. Asimismo, deberá velar por mantener en perfecto estado, no solo todo lo que se encuentra en el interior de la habitación, sino también la zona de pasillos. Por otro lado, será también responsabilidad de la camarera el mantenimiento en perfecto orden del *office* y los útiles empleados en la limpieza, entre los que destaca el carro de limpieza por la imagen que puede dar a la vista del cliente.

1.4.1. Descripción de sus funciones

Aunque en la introducción ya hemos avanzado algunas de las principales funciones de la camarera de pisos, a continuación las detallaremos más exhaustivamente.

Las funciones de la camarera de pisos son las siguientes:

- **Limpieza y mantenimiento de las habitaciones, los espacios de uso común y las salas recreativas de y de reuniones**

  La camarera recibirá diariamente un parte en el que la gobernanta le informará de las habitaciones que deberá limpiar ese día. Para ello, dispondrá de una hoja de control diario en el que se detalle el tipo de limpieza que se debe realizar en cada caso: limpieza diaria, limpieza de salida, limpieza de desbloqueo o repaso.

- **Realizar de manera cualificada la limpieza y arreglo de las habitaciones y pasillo**

  Además de las habitaciones, será función también de las camareras de pisos la limpieza de los pasillos. En algunas ocasiones, en esta misión recibe la colaboración de los valets[9], que pueden aspirar pasillos o pulir y abrillantar —en el caso de que no estén recubiertos de moqueta—.

- **Controlar el material, productos de los clientes y comunicar a sus responsables las anomalías en las instalaciones y los objetos perdidos**

  Las camareras de pisos, como acceden a las habitaciones a diario, deberán reportar todas las anomalías técnicas que se encuentren en la habitación. Para ello, utilizarán el correspondiente parte de averías (Anexo 6) que será entregado a la gobernanta para que lo haga llegar al departamento de mantenimiento.

- **Realizar la atención directa al cliente en las funciones propias de su área**

  En muchos casos, el cliente entra en contacto con la camarera de pisos para hacerle llegar sus opiniones, solicitudes, etc., referentes a cualquier elemento de la habitación e incluso del establecimiento. Por tal motivo, es importante que la camarera de pisos tenga un conocimiento lo más profundo que sea posible sobre el establecimiento, los servicios que ofrece, cómo acceder a ellos, etc. E incluso algún conocimiento básico de la lengua inglesa.

- **Realizar las labores propias de lencería y lavandería en combinación con el personal de esa área**

  El personal de pisos, con la colaboración de los valets, traslada ropa sucia a la lavandería y recoge la ropa limpia para ser utilizada en pisos. Aunque, como hemos comentado, esta tarea suele corresponder al valet.

---

[9] El valet, mozo de habitaciones o *steward,* se puede encargar entre otras funciones de mover muebles, ordenar *offices* de material, hacer inventarios y realizar labores de apoyo a las camareras de piso como:
- Montar y desmontar camas auxiliares o cunas.
- Dar vuelta a colchones.
- Montar y desmontar cortinas, *foscurits,* estores, etcétera.
- Traslado de la lencería utilizada por los clientes a la lavandería y de la reposición de la lencería limpia que debe utilizar el/la camarera/o de pisos para la realización de sus labores.
Al igual que también realizan labores de apoyo a las limpiadoras de zonas comunes encargándose de la limpieza de:
- Pasillos (fregados o aspirados).
- Aparcamiento.

En algunos casos también alguna camarera puede rotar para cubrir los turnos libres del personal de lavandería-lencería.

- **Preparar las salas para reuniones, convenciones, etc., en combinación con el área de banquetes**

  Otra de las actividades que desarrollan los establecimientos alojativos es la celebración de convenciones, congresos, celebraciones de diversa índole, etc. Todos estos eventos se celebran en salones específicos del establecimiento o en alguno de los restaurantes. Las camareras de pisos deberán preparar las instalaciones y posteriormente –durante el transcurso del evento– repasar el salón en momentos de pausa como el *coffee-break* o el almuerzo.

- **Limpiar las áreas comunes y realizar labores auxiliares**

  Las áreas comunes son aquellas que solo pueden ser utilizadas por los clientes, pero no de forma individualizada. Entre estas zonas se incluyen el restaurante, la cafetería, el *hall* de recepción, etcétera.

  Estas zonas deben ser repasadas a primera hora de la mañana, antes de que comience el servicio de desayunos y el consiguiente tránsito de clientes por el *hall* de recepción. De esta forma, evitamos molestias a los clientes y podemos realizar nuestro trabajo con mayor facilidad.

  La limpieza de zonas comunes, como hemos indicado, se realiza a primera hora de la mañana, pero a lo largo de toda la jornada se mantendrá un protocolo de repaso periódico de estas zonas incluidos los baños públicos que se suelen encontrar en el *hall* y junto al bar y restaurante para que a cualquier hora de la jornada estén en perfecto estado de uso.

- **Reponer el minibar en las habitaciones**

  La reposición de los minibares era función tradicionalmente del área de *room service* pero, dado que en muchos establecimientos ya no se dispone de este servicio, esta tarea ha pasado a ser desarrollada por las camareras de pisos en muchos casos.

  La revisión y reposición de los productos incluidos en el minibar se realizará diariamente. Se comprobará que las tapas de las botellas están en perfecto estado, especialmente aquellas que vienen precintadas, y se repondrán los productos que hayan sido consumidos.

  Una vez repuestos los productos, se anotará en la correspondiente factura (Anexo 3) los productos que hayan sido consumidos para que la gobernanta lo haga llegar a la recepción y desde allí se realice el cargo en la cuenta del cliente.

- **Llenar modelos y reportes diarios**

La camarera será responsable de reflejar en su control diario, que es la hoja que recibe diariamente de la gobernanta por la mañana con el número de la habitación y el estado de la misma. En el control de la camarera (Anexo 7) debe incluirse el número de personas que ocupan la habitación. En cualquier caso, al finalizar el trabajo, la camarera deberá anotar el número de personas que ocupan la habitación. Esto es especialmente importante en el caso de que exista alguna discrepancia entre lo reflejado por la recepción del establecimiento y la realidad. Esta incidencia deberá ser comunicada por la gobernanta al departamento de recepción para que proceda a regularizar la situación informando al cliente.

Por otro lado, en la columna destinada a las observaciones, la camarera reflejará cualquier incidencia que pueda haber detectado en la habitación; como, por ejemplo, la presencia de alguna avería (bombilla fundida, flexo que gotea, cisterna que pierde agua, aire acondicionado que no funciona, etcétera).

1.4.2. Uniformidad

La uniformidad en el departamento de pisos reviste una importancia fundamental. Hay que tener en cuenta que, además de reflejar la imagen corporativa del establecimiento, debe resultar cómodo para el trabajo que se realiza y atractivo a la vista del cliente. En la imagen (camarera de pisos) se puede apreciar el uniforme más clásico de la camarera de pisos. Este se compone de una bata negra y delantal blanco. Este uniforme se complementa con calzado blanco o negro antideslizante y diadema o cofia de color blanco para sujetar el cabello.

Camarera de pisos.

En cuanto al resto de la apariencia física, en cualquier caso, no está permitido el uso de pulseras, anillos, pendientes y, en general, cualquier tipo de accesorio.

El maquillaje debe ser discreto, evitándose colores muy llamativos. En las uñas solo se aplicará brillo y se evitarán peinados y cortes de cabello atrevidos. Para el color del cabello se utilizarán también colores sobrios (negro, castaño, rubio) y este se llevará siempre recogido, evitando que caiga sobre la cara durante la realización de las tareas.

En el caso de los caballeros, será fundamental afeitarse a diario, tanto el peinado como el corte de cabello no debe ser atrevido. No se utilizarán ni anillos ni pulseras ni cualquier tipo de accesorio como, por ejemplo, los piercings, dilatadores, etcétera.

El aseo personal debe ser, en cualquier caso, extremadamente cuidadoso. Especialmente teniendo en cuenta las tareas que se van a desarrollar durante la jornada de trabajo. No se utilizarán colonias que dejen un aroma intenso, ya que pueden causar una sensación desagra-

Uniforme camarera de pisos.

dable al abandonar la habitación que haya sido limpiada al mezclarse con el olor del ambientador que se aplique después de la limpieza.

El uniforme se usará en exclusiva en el establecimiento y el trabajador se encargará de su mantenimiento en perfectas condiciones, aunque algún establecimiento todavía se encarga del lavado y planchado de la uniformidad del personal. Es importante remarcar que, tanto el estado del uniforme como la presencia del empleado, deben permanecer impolutos a lo largo de toda la jornada de trabajo.

En algunos establecimientos se está sustituyendo el uniforme tradicional por otros consistentes en un pantalón y un blusón que resulta más cómodo, especialmente para trabajos en altura.

La uniformidad del personal se complementará con la utilización de los equipos de protección individual[10].

---

[10] Se define un **equipo de protección individual (EPI)** como «cualquier equipo destinado a ser llevado o sujetado por el trabajador para que le proteja de uno o varios riesgos que puedan amenazar su seguridad o su salud, así como cualquier complemento o accesorio destinado a tal fin», excluyendo los siguientes equipos:

- La ropa de trabajo y uniformes que no estén específicamente destinados a proteger la seguridad o salud.
- Los de los servicios de socorro y salvamento.
- Los de los militares, policías y servicios de mantenimiento del orden.
- Los de los medios de transporte por carretera.
- El material de deporte.
- El material de autodefensa o disuasión y los aparatos portátiles para la detección y señalización de los riesgos y de los factores de molestia (en caso de riesgos múltiples que exijan que se lleven simultáneamente varios equipos de protección individual, dichos equipos deberán ser compatibles y mantener su eficacia en relación con el riesgo o los riesgos correspondientes).

RESUMEN DE NORMAS SOBRE UNIFORMIDAD E IMAGEN

Mujeres

Maquillaje discreto. No usar el rojo en los labios. Colores pastel.

Pelo recogido, y tanto peinados como colores discretos.

Perfume suave. El olor no debe ser penetrante.

Cuidar el aseo personal.

Uniforme perfectamente planchado y limpio. Uniforme correctamente vestido. Habrá de estar siempre planchado y bien colocado en todas sus partes. No dé sensación de desaliño, aunque vaya muy limpio.

Vestir el uniforme con corrección.

Calzado limpio.

Uñas sin pintar, a lo sumo brillo.

No usar joyas, pulseras, *piercings,* ni pendientes.

El uso del móvil está prohibido.

Las manos y, sobre todo, las uñas deberán estar siempre limpias, muy limpias.

Hombres

Perfectamente afeitados y aseados.

Las manos y, sobre todo, las uñas deberán estar siempre limpias, muy limpias.

Uniforme correctamente vestido. Habrá de estar siempre planchado y bien colocado en todas sus partes. No dé sensación de desaliño, aunque vaya muy limpio.

Calzado limpio.

Correctamente peinado sin cortes osados (estilo *trendy*[11]).

Perfume discreto.

---

[11] La palabra **trendy** engloba «todo lo que está de moda». Por eso, lo que una temporada es tendencia y se considera *trendy*, puede estar desfasado la temporada siguiente. Este término, además de aplicarse al mundo de la moda, también puede usarse en muchos otros ámbitos, como la música, el arte o la decoración.

1.4.3. Deontología profesional

Según el diccionario de la Real Academia Española, la palabra *deontología* tiene dos acepciones:

1. Parta de la ética que trata de los deberes, especialmente de los que rigen una actividad profesional.

2. Conjunto de deberes relacionados con el ejercicio de una determinada profesión.

Por otro lado, se entiende que el código deontológico es un conjunto de criterios, apoyados en la deontología con normas y valores, que formulan y asumen quienes llevan a cabo una actividad profesional.

La primera característica que queremos resaltar es la **confidencialidad**. La camarera de pisos accede a las zonas que ocupa el cliente en exclusiva y donde realiza actividades fuera de la vista de los demás clientes o también en público. Por tal motivo, la camarera deberá guardar en todo momento la debida discreción, no solo sobre las personas que se alojan en el establecimiento, sino también sobre sus hábitos y costumbres. La camarera de pisos no realizará comentarios sobre ninguna de las circunstancias antes mencionadas, ni tan siquiera entre sus compañeras.

Otra característica indispensable es la **puntualidad**, que le obligará a realizar sus tareas con cuidado y diligencia en su debido tiempo. Si la camarera de pisos tiene marcado el horario de trabajo de 8 a 16 horas, esto indica que a las 8 de la mañana estará ya en su puesto de trabajo para iniciar la jornada. En cuanto a la hora de finalización, a las 16 dejará su puesto de trabajo, por lo general.

Asimismo, fomentará el **compañerismo**, que proporcionará armonía y buena correspondencia entre todo el personal. Colaborará con ellos cuando haya sobrecarga de trabajo, de la misma manera que recibirá ayuda de sus compañeras cuando lo precise.

Vestirá su **uniformidad** con elegancia y corrección, evitando en todo momento tener una apariencia desarreglada (blusas mal abrochadas, faldas descolocadas, calzado sucio, ropa sucia o sin planchar, camisas por fuera del pantalón...).

El personal será en todo momento **disciplinado** acatando en todo momento las instrucciones recibidas por sus superiores en beneficio del logro de los objetivos marcados por el departamento.

Otra de las cualidades con las que debe contar la camarera de pisos es la **organización en el trabajo**, optimizando el tiempo de realización de las tareas que se le encomienden.

Tratándose del departamento de pisos, es especialmente relevante la **limpieza**. Todas las tareas se realizarán de manera pulcra y ordenada, evitando así tener que limpiar más de lo estrictamente necesario.

La camarera cuidará en todo momento su **aseo corporal**, guardando la compostura y limpieza personal.

El personal de hostelería debe mostrar una marcada **vocación** por la profesión que desempeña. Tratándose de empresas de servicio, el trabajador debe estar siempre dispuesto a ofrecer los servicios que la empresa pone a disposición de los clientes con su mejor talante.

Otra capacidad que se debe desarrollar en el sector de la hostelería es la creatividad. Nuestra actividad continuamente está sometida a cambios. Nuevas tendencias y nuevas exigencias del mercado que hacen que no podamos seguir realizando siempre las tareas de la misma manera. Debemos responder, al menos, a las expectativas que la clientela pone en nuestra empresa, ya que de lo contrario corremos el riesgo de quedar fuera del mercado.

Cualquier sugerencia que nos transmita algún huésped o usuario debe ser comunicada a la responsable del departamento para que tome las medidas correctivas que sea necesario.

1.4.4. Planificación del trabajo

La planificación del trabajo en el departamento de pisos es una tarea que corresponde a la gobernanta. Esta es la persona encargada de distribuir diariamente las tareas que se van a realizar en función del grado de actividad del establecimiento.

Para la planificación del trabajo, la gobernanta se basa en diversos tipos de información:

- **Listado de llegadas previstas**: este documento detalla todos los clientes que tienen prevista su llegada para el día de hoy. El listado refleja la siguiente información:

  — Nombre y apellido del cliente.

  — Fecha de llegada.

  — Fecha de salida.

  — Tipo de habitación.

— Régimen de alojamiento (solo alojamiento, alojamiento y desayuno, media pensión, pensión completa, todo incluido[12]).

— Agencia, empresa o turoperador.

— Observaciones (piso alto, cliente VIP, poner cama supletoria...).

— Número de personas (adultos, niños o bebes). Se suele abreviar como **pax.**

— Número de habitación.

— Hora prevista de llegada.

De este listado es especialmente importante tener en cuenta las observaciones, el turoperador y cualquier tipo de información referente a cuestiones como poner cuna, cama supletoria, etc. El turoperador, o agencia, es importante, porque algunas agencias tienen condiciones especiales que deben ser tenidas en cuenta, como podría ser la obligación de poner atenciones o realizar el cambio de sábanas con una mayor frecuencia que para el resto de los clientes. Otra información que hay que considerar es si se trata de un cliente VIP[13] y obviamente el número de habitación.

- **Listado de salidas**: este documento refleja las habitaciones que tienen prevista su salida en el día de hoy. Los datos que refleja son:

    — Número de habitación.

    — Fecha de llegada.

    — Fecha de salida.

    — Nombre y apellido del cliente.

    — Turoperador, agencia, empresa.

    — Observaciones (pago en efectivo, firmar factura...).

---

[12] Todo incluido (*all-inclusive*) es un sistema mediante el cual el cliente, bajo un precio único, tiene derecho a disfrutar de todas las comidas, bebidas y, en algunas ocasiones, actividades que se desarrollan en el establecimiento en el que se aloja.

[13] Un cliente VIP (del inglés, *Very Important Person*) es un cliente que, por distintas circunstancias, merece un trato especial. Por ejemplo, asignarle un alojamiento de nivel superior al reservado, ofrecer servicio de cobertura, utilizar *amenities* de nivel superior y las que estime el establecimiento. También se pueden encontrar diversos niveles VIP a criterio de la empresa.

1.4.5. Integración en la organización y en el equipo de trabajo

Las camareras de pisos se integran, como ya hemos indicado, dentro del departamento de pisos. Las actividades de las mismas han sido claramente detalladas en el apartado 1.2.1. y de ellas se ven beneficiados la totalidad de los departamentos de pisos.

La integración de las camareras de pisos en el departamento se debería realizar de forma escalonada. Aunque para la contratación de las camareras se debe reunir un determinado perfil profesional, la camarera debe adaptar sus conocimientos y experiencia previa a los estándares específicos del establecimiento al que entra por primera vez a prestar sus servicios.

Definición y objetivos de la integración

El proceso de integración es el periodo en el que un nuevo trabajador se intenta adaptar no solo al puesto de trabajo y a la tarea que se le ha asignado, sino a la empresa y al entorno humano en que se desarrollará su vida laboral. Para ello, es importante que la empresa disponga de mentores o tutores que acompañen al personal en esta primera fase de incorporación.

Las dos principales funciones que persigue esta integración son:

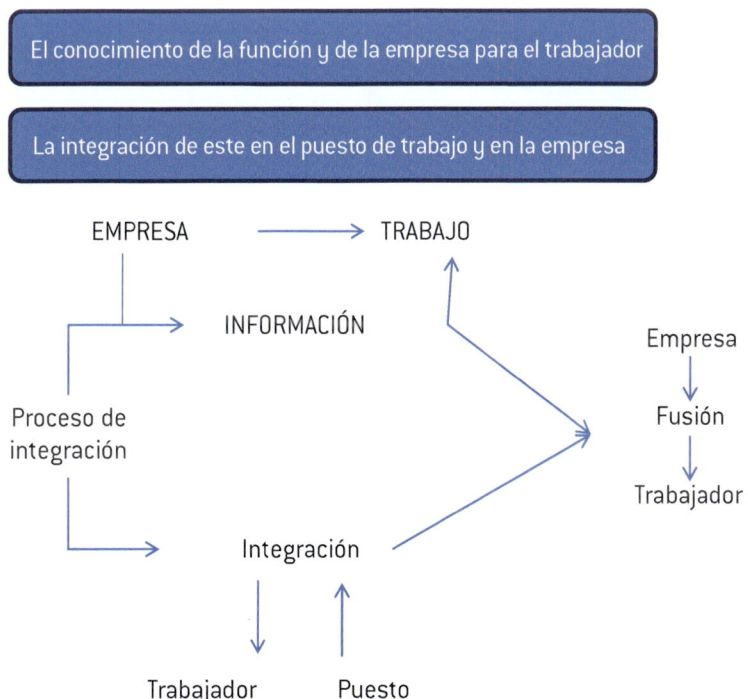

La función de información

Es la fase de instrucción en la que la camarera recién incorporada recibe información sobre:

- La cultura empresarial de la compañía: historia, cultura, situación actual, posicionamiento, objetivos, etcétera.

- El puesto que va a ocupar, el producto, el sistema de producción, medios, expectativas, productividad, requerimientos, etcétera.

- Política social y laboral: retribuciones, promoción, sistema de formación y todos los beneficios sociales de la empresa.

- Relaciones personales: jerarquía, clima laboral, compañerismo, costumbres.

Los **sistemas de información** son variados y pueden ser:

- Escritos: el más habitual es el manual de acogida.

- De formación: basados en un cursillo de bienvenida.

- En algunos casos, las empresas asignan a un trabajador que desempeñe las mismas tareas que aquella que se pretende integrar, pero con una mayor experiencia, para que explique lo esencial de las tareas y de la organización.

- Las nuevas tecnologías nos ofrecen una amplia oferta de aplicaciones informáticas que facilitan el aprendizaje de los nuevos miembros de la plantilla.

La función de integración

- Es la adaptación que, efectuada con éxito, llevará sin duda a la denominada fusión entre empresa y trabajador.

- A través de la fusión entre empresa y trabajador, el individuo aporta algo de su personalidad, que es integrada en el grupo, y a su vez el grupo modifica el comportamiento del individuo al fusionarlo al conjunto.

- Los resultados de la fusión son pues recíprocos e irreversibles, y originan una vinculación de intereses, actitudes, objetivos, comportamientos y responsabilidades entre empresas, grupos e individuos.

- En esta fase, es muy importante alinear las necesidades de la plantilla con las de la empresa y viceversa.

RESUMEN

1. **Definición de la camarera de pisos**

   Son las personas responsables de mantener el orden y la limpieza en las unidades alojativas de los establecimiento turísticos y no turísticos. También podrían encargarse de la limpieza de las zonas comunes.

2. **Los alojamientos turísticos y no turísticos**

   La reglamentación de los establecimientos varía en función de la Comunidad Autónoma.

3. **Tipos de establecimientos**

   - Modalidad hotelera:
     — Hotel.
     — Hotel urbano.
     — Hotel emblemático.
     — Hotel rural.

   - Modalidad extrahotelera:
     — Apartamento.
     — Villa.
     — Casa emblemática.
     — Casa rural .
     — Vivienda vacacional.

4. **Tipos de organigramas en los establecimientos alojativos**

   - Analíticos.
   - Formales.
   - Informales.
   - Generales.
   - Específicos.
   - Integrales.
   - Funcionales.
   - Verticales.
   - Horizontales.
   - Mixtos.
   - De bloque.
   - Circulares.

5. Tipos de limpieza en las instalaciones del establecimiento alojativo

- Bloqueo de habitaciones.
- Cobertura.
- Limpieza de zonas comunes:
  - Limpieza de hall y recepción.
  - Limpieza e higienización de aseos públicos.
  - Limpieza de restaurante.

6. Funciones del departamento de pisos

Limpieza y mantenimiento del orden en las unidades alojativas de los establecimiento turísticos y no turísticos. En algunos casos también de las zonas comunes.

7. Características del departamento de pisos

Lo conforma un equipo de personal encargado de las tareas de limpieza y mantenimiento. Se pueden subcontratar algunos servicios como la lavandería.

8. Objetivos del departamento de pisos

Mantener en perfectas condiciones de uso y mantenimiento de todas las instalaciones del establecimiento alojativo.

9. Áreas y relaciones interdepartamentales del departamento de pisos

Control de material en tareas de limpieza y mantenimiento. Importancia del control de existencias de productos y enseres en el departamento para evitar las roturas de *stocks.*

10. Requisitos de equipamiento mínimo en viviendas vacacionales. Peculiaridades de la reguría de pisos en entidades no hoteleras

- Conceptos básicos de limpieza y desinfección.
- Técnicas básicas de limpieza.
- Recomendaciones para la limpieza y desinfección de superficies.
- Procedimientos de limpieza para diferentes superficies.
- Material de trabajo.
- Residencias para la tercera edad.

11. Funciones de la camarera de pisos

- Tareas en establecimientos turísticos.
- Tareas en otros alojamientos no turísticos.

12. Funciones del valet, mozo de habitaciones o *steward*. Celebración de convenciones y eventos en establecimientos alojativos. La imagen personal

- Uniformidad del personal.

- Normas sobre uniformidad e imagen.

- La vocación y creatividad un valor añadido en el sector de la hostelería.

PREGUNTAS

SECCIÓN 1

1.1. ¿Cuál es la responsabilidad de las camareras de pisos en los establecimientos turísticos y no turísticos?

1.2. ¿Cómo se regulan los establecimientos turísticos en Andalucía y Canarias?

1.3. ¿Qué es un establecimiento turístico de alojamiento?

1.4. ¿Cuáles son los tipos de establecimientos turísticos de alojamiento según su modalidad?

1.5. ¿Cómo se clasifican los establecimientos turísticos de alojamiento en Canarias?

1.6. ¿Cómo se organizan los departamentos en un establecimiento turístico de alojamiento?

1.7. ¿Qué son los organigramas y cuáles son los tipos mencionados en el texto?

1.8. ¿Cuál es la finalidad de los organigramas analíticos?

SECCIÓN 2

1.9. ¿Qué departamentos incluye el organigrama de un hotel de cuatro estrellas con servicios de banquetes?

1.10. ¿Cuáles son las tareas que realiza el departamento de pisos en un establecimiento alojativo?

1.11. ¿Cuáles son algunas causas técnicas de bloqueo de habitaciones en un hotel?

1.12. ¿En qué consiste la cobertura en la limpieza de habitaciones en hoteles de cuatro o cinco estrellas?

1.13. ¿Quién se encarga de la limpieza de las zonas comunes en un hotel?

1.14. ¿Cuándo se realiza la limpieza de hall y recepción en un hotel?

1.15. ¿Cómo se lleva a cabo la limpieza e higienización de los aseos públicos en un hotel?

1.16. ¿Quién se encarga de la limpieza del restaurante principal de un hotel?

1.17. ¿Cómo está conformado el equipo del departamento de pisos en un establecimiento alojativo?

1.18. ¿Cuál es el objetivo principal del departamento de pisos en un hotel?

1.19. ¿Cómo se dividen los subdepartamentos dentro del departamento de pisos en un hotel?

SECCIÓN 3

1.20. ¿Cuál es la función principal del departamento de pisos en un establecimiento hotelero?

1.21. ¿Qué tipos de unidades alojativas existen en establecimientos turísticos según la Comunidad Autónoma de Canarias?

1.22. ¿Cuáles son los requisitos de equipamiento mínimo que deben tener las viviendas vacacionales?

1.23. ¿Por qué las necesidades de limpieza en entidades no hoteleras como hospitales son diferentes?

1.24. ¿Cuál es la diferencia entre limpieza y desinfección en un hospital?

1.25. ¿Cuál es la técnica de limpieza que implica el uso de dos cubos, uno con agua y detergente y otro con agua limpia?

1.26. ¿Por qué son importantes las técnicas básicas de limpieza en un hospital?

SECCIÓN 4

1.27. ¿Qué recomendaciones se dan para la limpieza y desinfección de superficies?

1.28. ¿Qué procedimientos de limpieza se deben seguir para diferentes superficies?

1.29. ¿Cómo se debe tratar el material de trabajo en las áreas de limpieza?

1.30. ¿Qué consideraciones se deben tener en cuenta para la limpieza en residencias para la tercera edad?

1.31. ¿Cuáles son las funciones principales de la camarera de pisos?

1.32. ¿Qué tareas se realizan en establecimientos turísticos en cuanto a limpieza?

1.33. ¿Cómo varían las tareas de limpieza en otros alojamientos no turísticos?

1.34. ¿Cuáles son las ventajas de la limpieza en el ámbito de la limpieza?

SECCIÓN 5

1.35. ¿Cuáles son algunas de las funciones del valet, mozo de habitaciones o *steward* en un establecimiento alojativo?

1.36. ¿En qué tipo de eventos se especializan los establecimientos alojativos?

1.37. ¿Por qué es importante la uniformidad del personal en los establecimientos alojativos?

1.38. ¿Qué normas específicas existen para la vestimenta y apariencia del personal en el ámbito laboral?

1.39. ¿Qué habilidades son fundamentales en el sector de la hostelería?

1.40. ¿Quién es la encargada de distribuir diariamente las tareas en el departamento de pisos?

1.41. ¿Cómo se realiza la integración de las camareras de pisos en el departamento?

MAPAS CONCEPTUALES

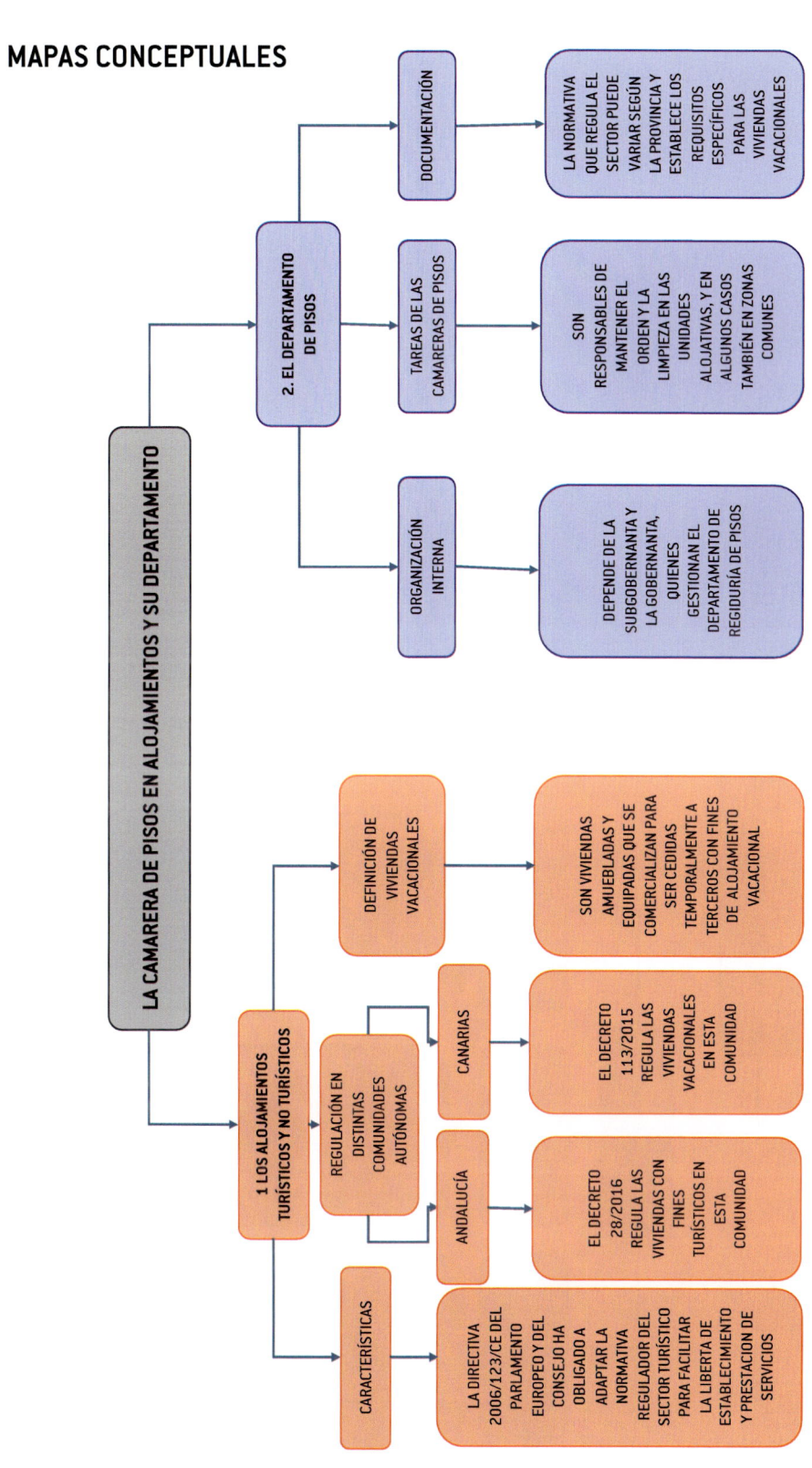

LA CAMARERA DE PISOS EN ALOJAMIENTOS Y SU DEPARTAMENTO

2. EL DEPARTAMENTO DE PISOS

- DOCUMENTACIÓN
  - LA NORMATIVA QUE REGULA EL SECTOR PUEDE VARIAR SEGÚN LA PROVINCIA Y ESTABLECE LOS REQUISITOS ESPECÍFICOS PARA LAS VIVIENDAS VACACIONALES
- TAREAS DE LAS CAMARERAS DE PISOS
  - SON RESPONSABLES DE MANTENER EL ORDEN Y LA LIMPIEZA EN LAS UNIDADES ALOJATIVAS, Y EN ALGUNOS CASOS TAMBIÉN EN ZONAS COMUNES
- ORGANIZACIÓN INTERNA
  - DEPENDE DE LA SUBGOBERNANTA Y LA GOBERNANTA, QUIENES GESTIONAN EL DEPARTAMENTO DE REGIDURÍA DE PISOS

1 LOS ALOJAMIENTOS TURÍSTICOS Y NO TURÍSTICOS

- DEFINICIÓN DE VIVIENDAS VACACIONALES
  - SON VIVIENDAS AMUEBLADAS Y EQUIPADAS QUE SE COMERCIALIZAN PARA SER CEDIDAS TEMPORALMENTE A TERCEROS CON FINES DE ALOJAMIENTO VACACIONAL
- REGULACIÓN EN DISTINTAS COMUNIDADES AUTÓNOMAS
  - CANARIAS
    - EL DECRETO 113/2015 REGULA LAS VIVIENDAS VACACIONALES EN ESTA COMUNIDAD
  - ANDALUCÍA
    - EL DECRETO 28/2016 REGULA LAS VIVIENDAS CON FINES TURÍSTICOS EN ESTA COMUNIDAD
- CARACTERÍSTICAS
  - LA DIRECTIVA 2006/123/CE DEL PARLAMENTO EUROPEO Y DEL CONSEJO HA OBLIGADO A ADAPTAR LA NORMATIVA REGULADOR DEL SECTOR TURÍSTICO PARA FACILITAR LA LIBERTA DE ESTABLECIMIENTO Y PRESTACIÓN DE SERVICIOS

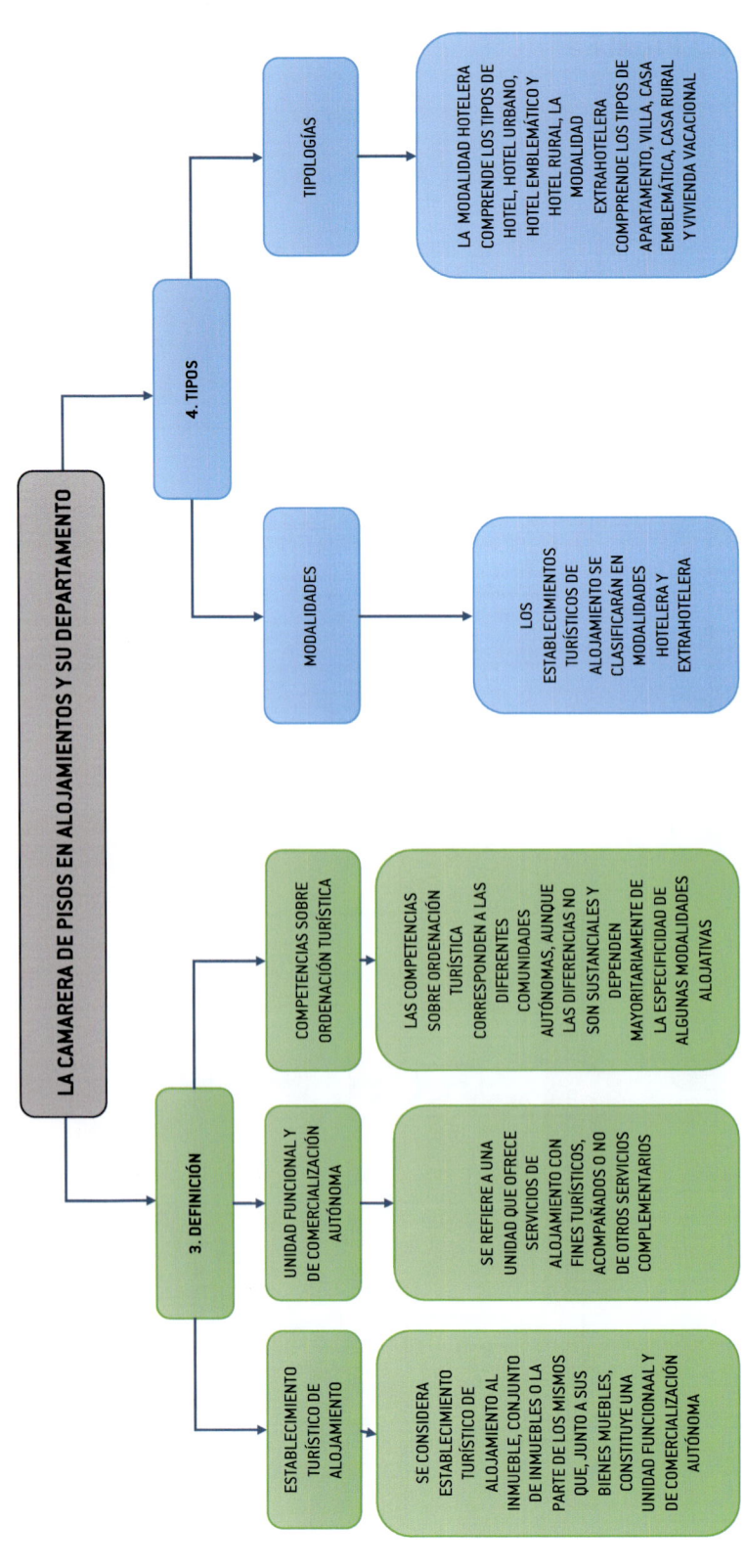

LA CAMARERA DE PISOS EN ALOJAMIENTOS Y SU DEPARTAMENTO

4. TIPOS

MODALIDADES

LOS ESTABLECIMIENTOS TURÍSTICOS DE ALOJAMIENTO SE CLASIFICARÁN EN MODALIDADES HOTELERA Y EXTRAHOTELERA

TIPOLOGÍAS

LA MODALIDAD HOTELERA COMPRENDE LOS TIPOS DE HOTEL, HOTEL URBANO, HOTEL EMBLEMÁTICO Y HOTEL RURAL, LA MODALIDAD EXTRAHOTELERA COMPRENDE LOS TIPOS DE APARTAMENTO, VILLA, CASA EMBLEMÁTICA, CASA RURAL Y VIVIENDA VACACIONAL

3. DEFINICIÓN

ESTABLECIMIENTO TURÍSTICO DE ALOJAMIENTO

SE CONSIDERA ESTABLECIMIENTO TURÍSTICO DE ALOJAMIENTO AL INMUEBLE, CONJUNTO DE INMUEBLES O LA PARTE DE LOS MISMOS QUE, JUNTO A SUS BIENES MUEBLES, CONSTITUYE UNA UNIDAD FUNCIONAL Y DE COMERCIALIZACIÓN AUTÓNOMA

UNIDAD FUNCIONAL Y DE COMERCIALIZACIÓN AUTÓNOMA

SE REFIERE A UNA UNIDAD QUE OFRECE SERVICIOS DE ALOJAMIENTO CON FINES TURÍSTICOS, ACOMPAÑADOS O NO DE OTROS SERVICIOS COMPLEMENTARIOS

COMPETENCIAS SOBRE ORDENACIÓN TURÍSTICA

LAS COMPETENCIAS SOBRE ORDENACIÓN TURÍSTICA CORRESPONDEN A LAS DIFERENTES COMUNIDADES AUTÓNOMAS, AUNQUE LAS DIFERENCIAS NO SON SUSTANCIALES Y DEPENDEN MAYORITARIAMENTE DE LA ESPECIFICIDAD DE ALGUNAS MODALIDADES ALOJATIVAS

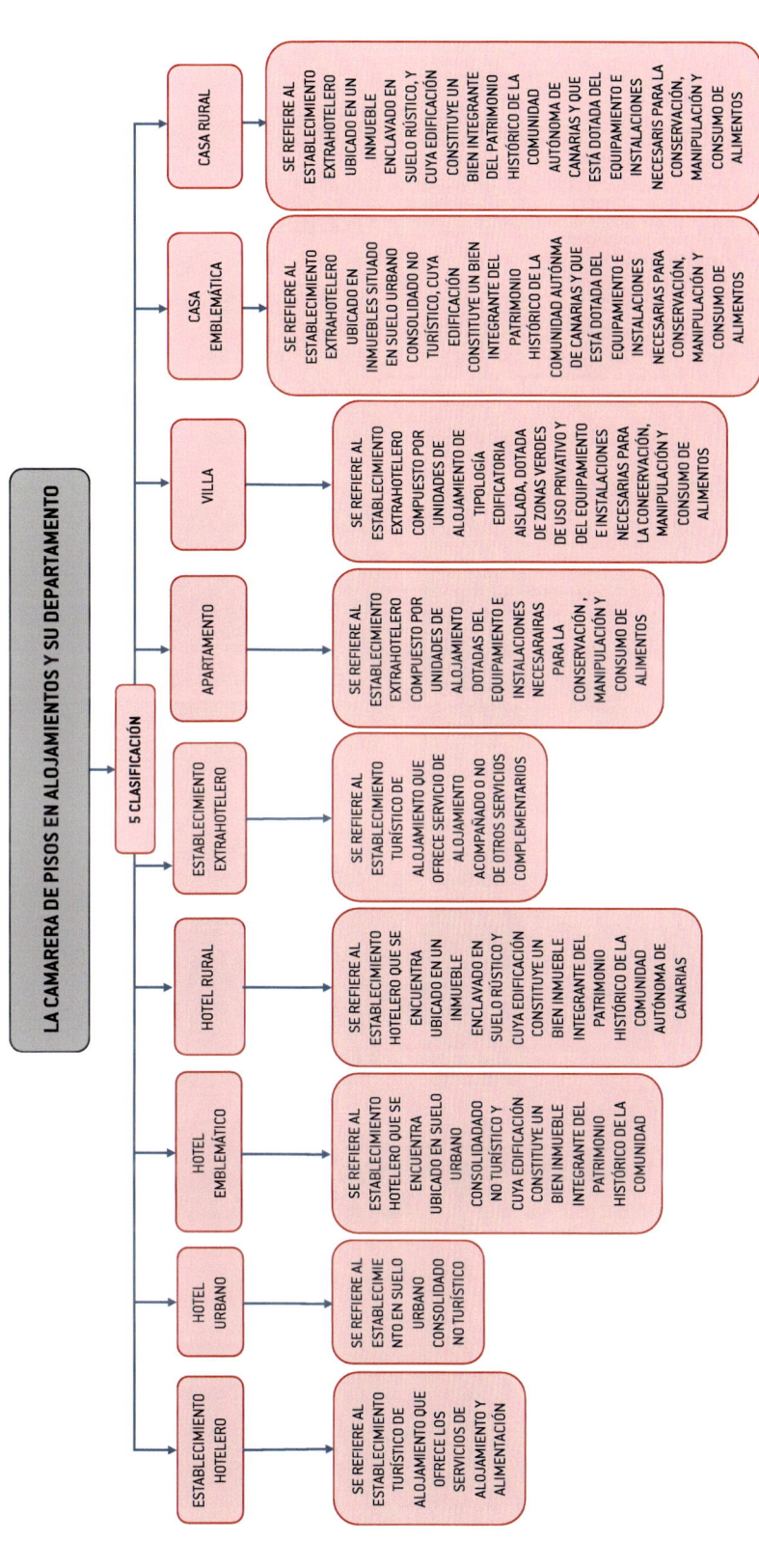

LA CAMARERA DE PISOS EN ALOJAMIENTOS Y SU DEPARTAMENTO

5 CLASIFICACIÓN

ESTABLECIMIENTO HOTELERO

SE REFIERE AL ESTABLECIMIENTO TURÍSTICO DE ALOJAMIENTO QUE OFRECE LOS SERVICIOS DE ALOJAMIENTO Y ALIMENTACIÓN

HOTEL URBANO

SE REFIERE AL ESTABLECIMIENTO EN SUELO URBANO CONSOLIDADO NO TURÍSTICO

HOTEL EMBLEMÁTICO

SE REFIERE AL ESTABLECIMIENTO HOTELERO QUE SE ENCUENTRA UBICADO EN SUELO URBANO CONSOLIDADADO NO TURÍSTICO Y CUYA EDIFICACIÓN CONSTITUYE UN BIEN INMUEBLE INTEGRANTE DEL PATRIMONIO HISTÓRICO DE LA COMUNIDAD

HOTEL RURAL

SE REFIERE AL ESTABLECIMIENTO HOTELERO QUE SE ENCUENTRA UBICADO EN UN INMUEBLE ENCLAVADO EN SUELO RÚSTICO Y CUYA EDIFICACIÓN CONSTITUYE UN BIEN INMUEBLE INTEGRANTE DEL PATRIMONIO HISTÓRICO DE LA COMUNIDAD AUTÓNOMA DE CANARIAS

ESTABLECIMIENTO EXTRAHOTELERO

SE REFIERE AL ESTABLECIMIENTO TURÍSTICO DE ALOJAMIENTO QUE OFRECE SERVICIO DE ALOJAMIENTO ACOMPAÑADO O NO DE OTROS SERVICIOS COMPLEMENTARIOS

APARTAMENTO

SE REFIERE AL ESTABLECIMIENTO EXTRAHOTELERO COMPUESTO POR UNIDADES DE ALOJAMIENTO DOTADAS DEL EQUIPAMIENTO E INSTALACIONES NECESARAIRAS PARA LA CONSERVACIÓN, MANIPULACIÓN Y CONSUMO DE ALIMENTOS

VILLA

SE REFIERE AL ESTABLECIMIENTO EXTRAHOTELERO COMPUESTO POR UNIDADES DE ALOJAMIENTO DE TIPOLOGÍA EDIFICATORIA AISLADA, DOTADA DE ZONAS VERDES DE USO PRIVATIVO Y DEL EQUIPAMIENTO E INSTALACIONES NECESARIAS PARA LA CONSERVACIÓN, MANIPULACIÓN Y CONSUMO DE ALIMENTOS

CASA EMBLEMÁTICA

SE REFIERE AL ESTABLECIMIENTO EXTRAHOTELERO UBICADO EN INMUEBLES SITUADO EN SUELO URBANO CONSOLIDADO NO TURÍSTICO, CUYA EDIFICACIÓN CONSTITUYE UN BIEN INTEGRANTE DEL PATRIMONIO HISTÓRICO DE LA COMUNIDAD AUTÓNOMA DE CANARIAS Y QUE ESTÁ DOTADA DEL EQUIPAMIENTO E INSTALACIONES NECESARIAS PARA CONSERVACIÓN, MANIPULACIÓN Y CONSUMO DE ALIMENTOS

CASA RURAL

SE REFIERE AL ESTABLECIMIENTO EXTRAHOTELERO UBICADO EN UN INMUEBLE ENCLAVADO EN SUELO RÚSTICO, Y CUYA EDIFICACIÓN CONSTITUYE UN BIEN INTEGRANTE DEL PATRIMONIO HISTÓRICO DE LA COMUNIDAD AUTÓNOMA DE CANARIAS Y QUE ESTÁ DOTADA DEL EQUIPAMIENTO E INSTALACIONES NECESARIS PARA LA CONSERVACIÓN, MANIPULACIÓN Y CONSUMO DE ALIMENTOS

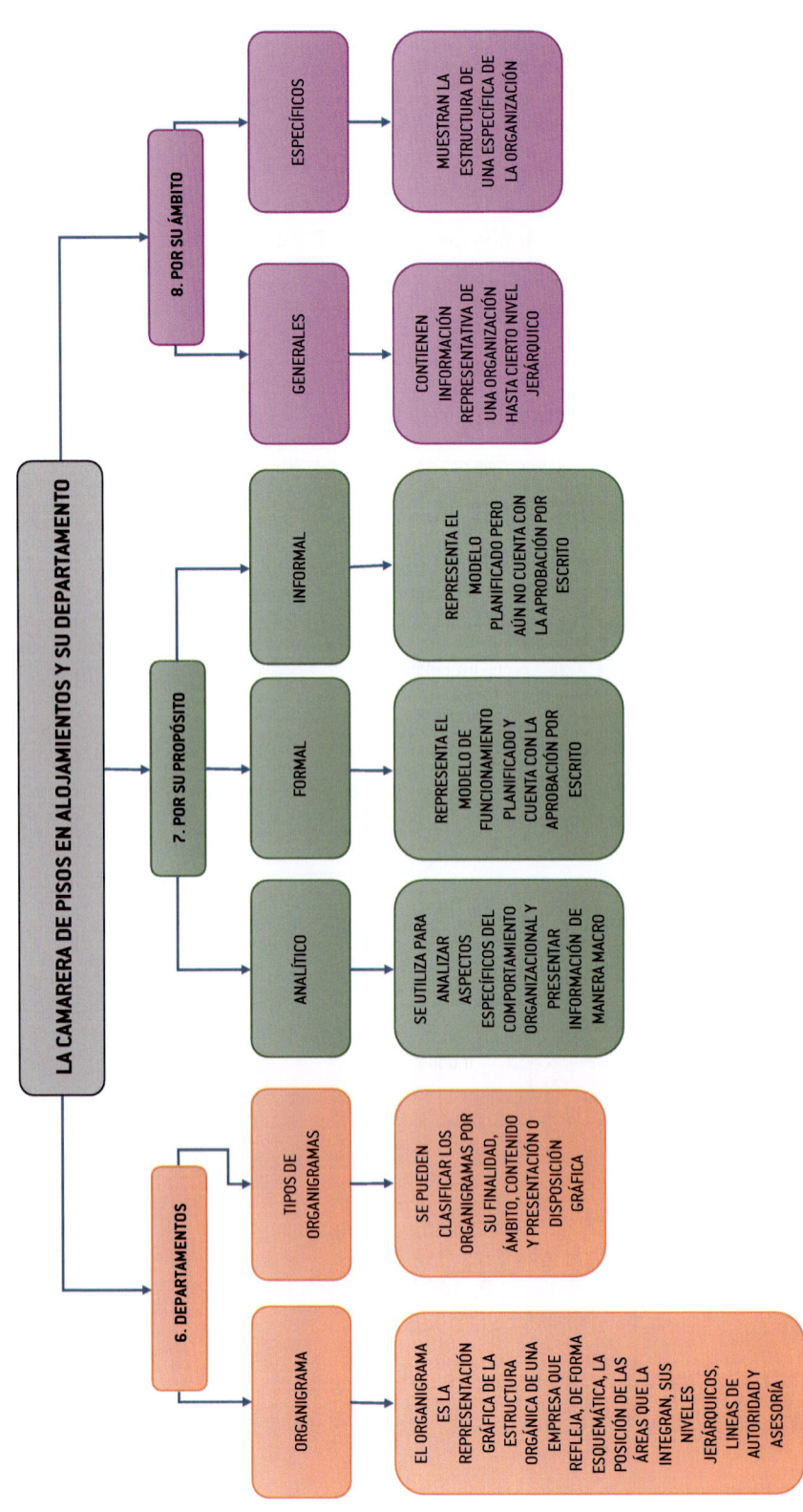

LA CAMARERA DE PISOS EN ALOJAMIENTOS Y SU DEPARTAMENTO

6. DEPARTAMENTOS

ORGANIGRAMA

EL ORGANIGRAMA ES LA REPRESENTACIÓN GRÁFICA DE LA ESTRUCTURA ORGÁNICA DE UNA EMPRESA QUE REFLEJA, DE FORMA ESQUEMÁTICA, LA POSICIÓN DE LAS ÁREAS QUE LA INTEGRAN, SUS NIVELES JERÁRQUICOS, LÍNEAS DE AUTORIDAD Y ASESORÍA

TIPOS DE ORGANIGRAMAS

SE PUEDEN CLASIFICAR LOS ORGANIGRAMAS POR SU FINALIDAD, ÁMBITO, CONTENIDO Y PRESENTACIÓN O DISPOSICIÓN GRÁFICA

7. POR SU PROPÓSITO

ANALÍTICO

SE UTILIZA PARA ANALIZAR ASPECTOS ESPECÍFICOS DEL COMPORTAMIENTO ORGANIZACIONAL Y PRESENTAR INFORMACIÓN DE MANERA MACRO

FORMAL

REPRESENTA EL MODELO DE FUNCIONAMIENTO PLANIFICADO Y CUENTA CON LA APROBACIÓN POR ESCRITO

INFORMAL

REPRESENTA EL MODELO PLANIFICADO PERO AÚN NO CUENTA CON LA APROBACIÓN POR ESCRITO

8. POR SU ÁMBITO

GENERALES

CONTIENEN INFORMACIÓN REPRESENTATIVA DE UNA ORGANIZACIÓN HASTA CIERTO NIVEL JERÁRQUICO

ESPECÍFICOS

MUESTRAN LA ESTRUCTURA DE UNA ESPECÍFICA DE LA ORGANIZACIÓN

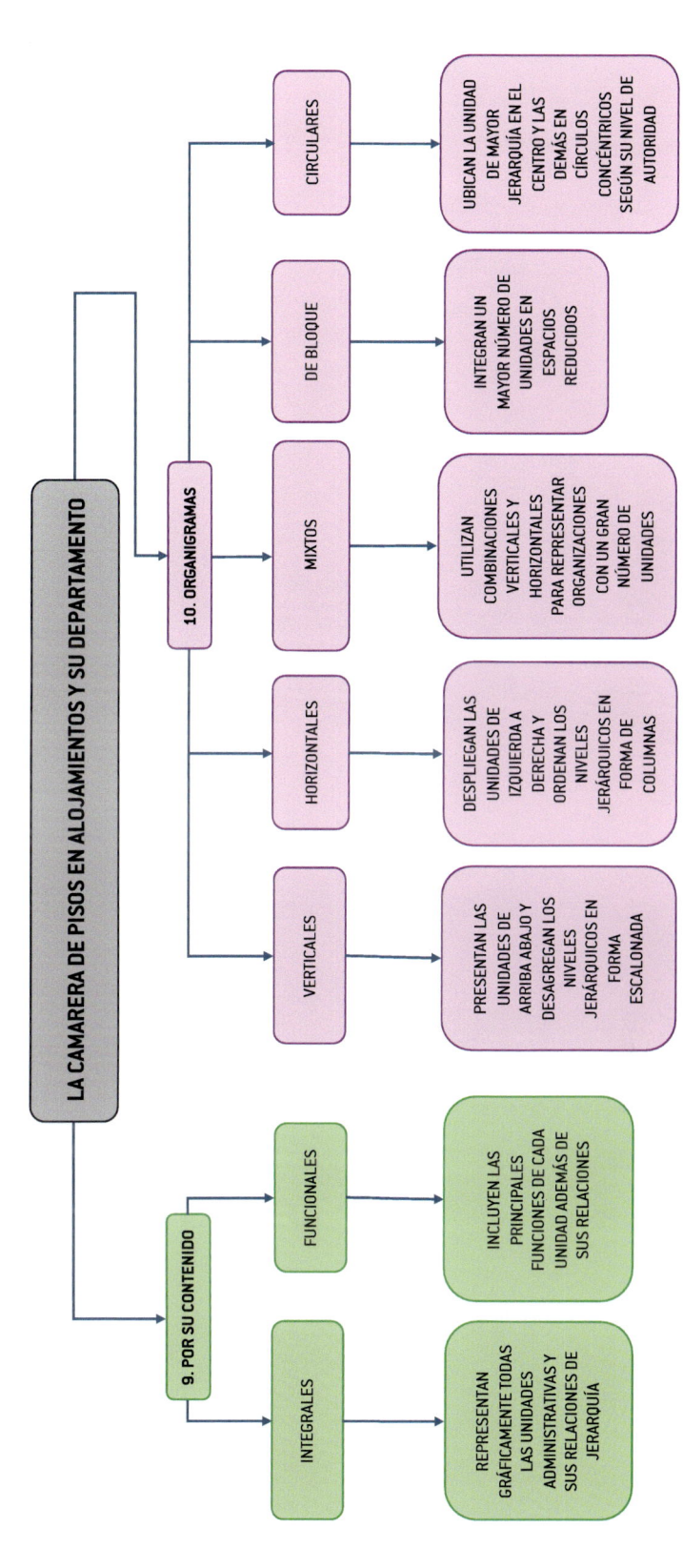

LA CAMARERA DE PISOS EN ALOJAMIENTOS Y SU DEPARTAMENTO

10. ORGANIGRAMAS

VERTICALES

PRESENTAN LAS UNIDADES DE ARRIBA ABAJO Y DESAGREGAN LOS NIVELES JERÁRQUICOS EN FORMA ESCALONADA

HORIZONTALES

DESPLIEGAN LAS UNIDADES DE IZQUIERDA A DERECHA Y ORDENAN LOS NIVELES JERÁRQUICOS EN FORMA DE COLUMNAS

MIXTOS

UTILIZAN COMBINACIONES VERTICALES Y HORIZONTALES PARA REPRESENTAR ORGANIZACIONES CON UN GRAN NÚMERO DE UNIDADES

DE BLOQUE

INTEGRAN UN MAYOR NÚMERO DE UNIDADES EN ESPACIOS REDUCIDOS

CIRCULARES

UBICAN LA UNIDAD DE MAYOR JERARQUÍA EN EL CENTRO Y LAS DEMÁS EN CÍRCULOS CONCÉNTRICOS SEGÚN SU NIVEL DE AUTORIDAD

9. POR SU CONTENIDO

INTEGRALES

REPRESENTAN GRÁFICAMENTE TODAS LAS UNIDADES ADMINISTRATIVAS Y SUS RELACIONES DE JERARQUÍA

FUNCIONALES

INCLUYEN LAS PRINCIPALES FUNCIONES DE CADA UNIDAD ADEMÁS DE SUS RELACIONES

2. Realización de las operaciones de aprovisionamiento, control e inventario de existencias en el área de pisos

Contenido

Las operaciones de aprovisionamiento y control del inventario tienen como finalidad evitar la rotura de *stocks*[14] en el departamento. Por consiguiente, esta función es fundamental para la buena marcha del departamento y mantener el nivel de satisfacción de los clientes.

Para realizar correctamente el control del *stock,* será preciso contar con una ficha de artículo. En la actualidad, esta gestión se realiza mediante programas de gestión de almacén, pero su origen es la ficha de producto que se puede ver en el Anexo 7.

En esta ficha se anotarán todos los movimientos que se realicen de un producto determinado. En la columna **entrada** se incluirán los productos que se traspasen al almacén después de realizar un pedido. En la columna **salida** se irán anotando las cantidades de producto que se vayan consumiendo. La **existencia inicial** nos facilita la cantidad de producto existente en el almacén al iniciarse el ciclo (habitualmente un mes natural).

El cálculo del *stock* se halla de la siguiente manera:

Stock final = _Stock_ inicial + Entradas − Salidas (consumo)

Mensualmente se debe realizar un inventario que consiste en el recuento físico de las unidades existentes de cada artículo. Para ello, cada mes se entregará un listado con los artículos que se están consumiendo en el departamento de pisos (productos de limpieza, materiales consumibles, *amenities*...); a continuación, se contarán las unidades existentes de cada artículo y se irán anotando en el listado suministrado.

La función principal de este inventario físico es contrastar la existencia real (recuento físico) con la existencia teórica (la que arroja la ficha del producto). Si se observaran desviaciones entre ambas existencias, sería debido a alguna de estas causas:

---

[14] **Rotura de *stocks***. Circunstancia lamentable que refleja la ausencia o escasez de suficiente *stock* de productos en un momento dado debido a falta de previsión.

- Algún movimiento de artículo no se ha reflejado en la ficha del artículo.

- Se ha extraviado algún artículo.

- El consumo real ha sido mayor del reflejado en la ficha del artículo.

Es necesario tener en cuenta que puede haber varios almacenes situados en las plantas o diversas zonas del establecimiento, por lo que se deberá realizar el recuento físico en la totalidad de los almacenes.

En caso de observarse las citadas desviaciones, habrá que tomar medidas para que esto no vuelva a suceder, estableciendo sistemas de control y validación que hagan más difícil cometer estos errores.

2.1. Procedimientos administrativos relativos a la recepción, almacenamiento, distribución interna y expedición de existencias

La recepción, almacenamiento, distribución interna y expedición de existencias generarán diversos procedimientos administrativos que vamos a enumerar a continuación.

Mercancías o géneros

Entendemos *género* y *mercancía* como sinónimos.

Las mercancías son todos los recursos materiales que necesita la empresa para operar, tales como:

- Mobiliario, maquinaria.

- Herramientas, útiles de trabajo y útiles de oficina.

- Lencería de habitaciones y restaurante.

- Productos para el mantenimiento y limpieza de instalaciones.

- Materias primas para nuestra producción.

- Productos para realizar nuestros servicios.

- Productos para la venta.

Podemos hacer una clasificación de las mercancías según su tiempo de permanencia en la empresa:

- Artículos de larga duración (inmovilizado): estos elementos aparecen en el momento en el que la empresa empieza su actividad y solo salen de la empresa a medida en que crece su capacidad de producción y/o venta y se repone la maquinaria y mobiliario viejo u obsoleto por nuevos elementos, como son las maquinarias, herramientas, utensilios y mobiliarios. Normalmente, estos artículos están contabilizados como activo fijo.

- Artículos de corta duración (existencias, consumibles): estos elementos son todos los artículos que la empresa utiliza en su operación, tanto para el mantenimiento de sus instalaciones como para realizar sus productos o servicios. Tienen un movimiento fluido, rápido, salen, se consumen y entran nuevos. Hablamos de químicos, alimentos, bebidas, artículos de oficina (papel, tóner, lapiceros...), materias primas, etcétera.

Fundamentos para el abastecimiento y almacenaje de productos y materiales

Principios básicos:

- Orden y clasificación.
- Rotación de *stocks.*
- Seguridad e higiene.
- Supervisión y control.

Estos son los cuatro principios fundamentales e imprescindibles para un correcto abastecimiento y control de nuestros productos y materiales.

Orden y clasificación

- Las mercancías de la empresa deben mantenerse ordenadas y clasificadas, de manera que se facilite su uso en la operación del negocio.
- Se debe asignar una identificación a cada producto y unificar esta identificación para todas las áreas (compras, control de inventario, administración, producción y ventas).
- La identificación debe estar codificada.
- Cada material o producto se tiene que ubicar según su clasificación e identificación en pasillos, estantes, espacios marcados para facilitar su localización.
- Esta misma localización debe marcarse en las tarjetas correspondientes de registro y control.
- La disposición del almacén deberá ser lo más flexible posible para poder realizar modificaciones con la mínima inversión.

- El área ocupada por los pasillos respecto de la del total del almacenamiento propiamente dicho debe ser tan pequeña como lo permitan las condiciones de operación.

- Cuando se establezca el orden y la ubicación de cada producto debe pensarse en cuándo y cómo se va a necesitar para facilitar el movimiento de mercancías.

- Cuando se reciben nuevas mercancías, deben estar el mínimo tiempo posible sin ordenar en su lugar correspondiente.

- Una persona concreta debe ser responsable de mantener el orden y de clasificar las mercancías con sus códigos correspondientes, tanto a la entrada como a la salida del almacén.

- Tendremos fichas de productos y fichas de proveedores para identificar las existencias del almacén, que serán actualizadas con las entradas y salidas de productos y materiales.

Rotación de *stocks*

El almacén es por definición un espacio improductivo, no añade valor a nuestro producto o servicio, pero es imprescindible para funcionar con normalidad, para atender en tiempo y forma a nuestros clientes. Por eso, es clave que lo almacenado tenga un movimiento rápido de entrada y salida, o sea, una rápida rotación: un ciclo ágil de compra, uso y renovación de mercancías. La mala manipulación de los productos aumenta el riesgo de perder o estropear la mercancía almacenada. Establecer unos niveles correctos de *stock* mínimos y máximos aumentará nuestros beneficios. Cada empresa debe estudiar su ciclo de producción y venta, y calcular estos máximos y mínimos. También dependerá mucho de la disponibilidad de los proveedores que necesitamos, cercanía al punto de venta, existencia de red ágil de distribución, tiempo de respuesta.

Seguridad e higiene

Las instalaciones en las que se almacenen las mercancías deben estar en perfectas condiciones para evitar posibles pérdidas o deterioro de la mercancía allí almacenada, teniendo en cuenta las siguientes cuestiones:

- Revisión periódica del sistema eléctrico.

- Revisión del funcionamiento de los equipos con la periodicidad requerida.

- Revisión periódica de las estanterías y arreglo de las mismas, si fuera necesario.

- Revisión de paredes, techos, ventanas, puertas, pisos e instalaciones sanitarias, realizando las reparaciones necesarias.

- Revisar los extintores contra incendios con la periodicidad requerida por los mismos y recargarlos inmediatamente después de usarlos.

- Los pasillos del almacén y los de acceso deben mantenerse despejados, limpios y en buen estado.

- Limpieza y desinfección periódica del local. El almacén debe mantenerse en perfectas condiciones de orden y limpieza, ya que lo contrario dificulta las tareas pudiendo incluso tener como consecuencia que algún producto se estropee.

Algunas reglas comunes a tener en cuenta sobre la supervisión y control de almacén e inventarios:

- Toda operación de entrada o salida del almacén requiriere documentación autorizada según sistemas existentes.

- La entrada al almacén debe estar prohibida a toda persona que no esté asignada a él, y estará restringida al personal autorizado por la dirección.

- La custodia fiel y eficiente de los materiales o productos debe encontrarse siempre bajo la responsabilidad de una sola persona en cada almacén.

- El personal de cada almacén debe ser asignado a funciones especializadas de recepción, almacenamiento, registro, revisión, despacho y ayuda en el control de inventarios.

- Hay que llevar un registro al día de todas las entradas y salidas.

- Es recomendable que los inventarios físicos (recuento periódico para cuadrar con la contabilidad) los haga personal ajeno al almacén.

CRITERIOS GENERALES EN EL ALMACENAMIENTO DE PRODUCTOS QUÍMICOS

1. No almacenar una cantidad excesiva de productos inflamables.

2. Se deben identificar todos los productos químicos almacenados con especial atención a los riesgos derivados de una inadecuada manipulación y cómo actuar en caso de emergencia.

3. No almacenar nunca productos inflamables con otro tipo de productos.

4. No llenar del todo con producto los envases para evitar que puedan producirse vertidos accidentales.

5. Mantener siempre cerrados los envases de productos inflamables durante su almacenaje.

6. Mantener los locales perfectamente ventilados.

7. Está terminantemente prohibido fumar o usar llamas abiertas.

8. Instalar en los lugares próximos al almacén de productos peligrosos duchas y lavaojos.

9. Disponer, en todo caso, de equipos de extinción autónomos.

Los envases más pesados y los ácidos se deben depositar en la parte baja de los almacenes y utilizar envases recogerresiduos.

Recepción de mercancías

Lo primero que se debe hacer al recibir la mercancía es comprobar que coincide con la solicitada. Para ello, necesitaremos el documento de pedido en el que se reflejan los productos solicitados y las cantidades, así como otras características del material requerido.

Para comprobar que todo es correcto, se realizará la inspección visual de los productos recibidos prestando especial atención a si los productos coinciden con los solicitados, también se comprobará que las cantidades de los artículos se ajustan a lo reflejado en el pedido, que las características (tamaño, presentación, especificaciones...) son iguales a las solicitadas y, en general, que no haya ninguna diferencia entre uno y otro.

En caso de no coincidir con lo solicitado, nos pondremos en contacto con el proveedor o, si hubiera sido el resultado de un pedido interno, lo pondremos en conocimiento del responsable del economato para que modifique la entrega realizada. Este extremo es importante, ya que con el pedido nos podrían imputar el consumo de productos que en realidad no han sido entregados al departamento de pisos.

Si el pedido coincide exactamente con lo solicitado, procederemos a su registro en la ficha de cada artículo para que el *stock* de productos esté actualizado.

Almacenamiento

Una de las funciones más delicadas del proceso es el almacenamiento. Para esta fase, se atenderá a la naturaleza del producto. Algunos productos deben ser almacenados en zonas ventiladas, ya que expelen gases que pueden ser tóxicos. Los recipientes líquidos de formato industrial (15-20 litros) deberán depositarse encima de bandejas de retención para evitar los peligros de un vertido accidental de los productos. Además, se evitará sobrecargar las estanterías y se ubicarán los recipientes que contengan líquidos en la parte baja del almacén.

Distribución interna

La distribución interna de los productos se realiza mediante movimiento de artículo (Anexo 9). Este impreso debe ser cumplimentado por el departamento que solicita un artículo; por ejemplo, el departamento de pisos, y firmado por el departamento que realiza la entrega, por ejemplo, el departamento de economato.

El mismo documento se utiliza para los traspasos entre departamentos distintos del economato.

Expedición de existencias

Una vez realizada la expedición de las existencias al departamento correspondiente, se efectuará el asiento en la ficha del artículo para tener actualizado el *stock*.

Se registrará la salida en el departamento desde el que se envía el artículo y la entrada en el departamento que lo recibe.

PROCESO DE SOLICITUD DE COMPRA

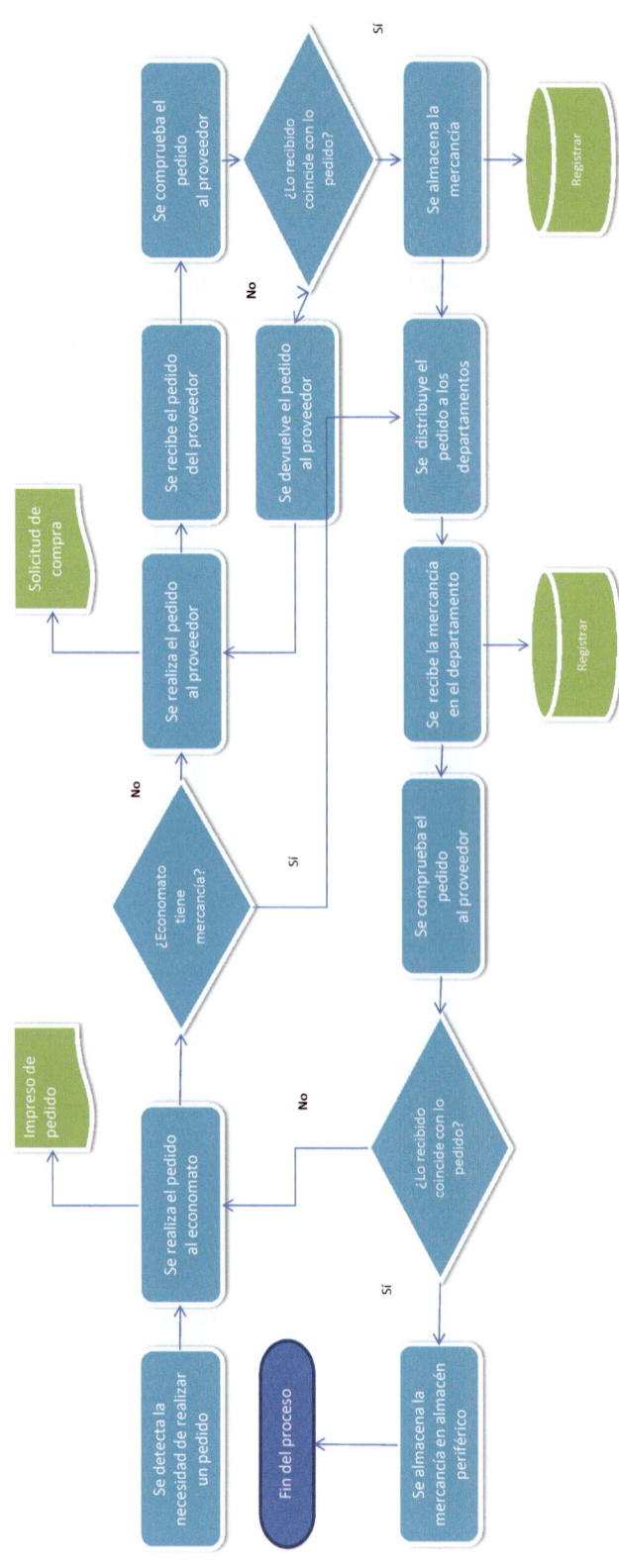

2.2. Clasificación y ubicación de existencias

Las mercancías deben clasificarse desde su llegada al establecimiento, tal como se refleja en el flujograma anterior.

En todo caso, será preciso tener presente:

- Separar químicos de herramientas, alimentos y bebidas.
- Facilidad de acceso a las mercancías que tengan una mayor rotación.
- Almacenar los productos según el sistema FIFO (*First In, First Out*)[15].

Ubicación y mantenimiento de la mercancía
Siempre tendremos en cuenta las siguientes cuestiones al almacenar los productos:

- Al almacenar la mercancía, debemos hacerlo de manera que favorezca la ventilación.
- Las etiquetas deben estar mirando hacia el frente.
- La disposición de la mercadería debe ser realizada de forma práctica y racional para que el material de uso constante pueda ser guardado y retirado fácilmente.
- La mercancía no se puede depositar directamente sobre el piso.
- Se deben vaciar las cajas de cartón una vez abiertas y traspasar el contenido a un recipiente plástico con tapa e identificarlos. Desechar el cartón depositándolo en el contenedor de papel y cartón (color azul).
- En general, los alimentos son perecederos, por lo que necesitan ciertas condiciones de tratamiento, conservación y manipulación.

Para garantizar la correcta conservación, será preciso seguir las siguientes instrucciones:

- Mantener la temperatura correcta.
- Mantener la higiene correcta.
- Mantener separados los diferentes tipos de productos.
- Etiquetar correctamente cada producto.
- Envasar los productos en los recipientes correctos.
- Manipular los productos siempre con las manos limpias.

---

[15] **FIFO (*First In, First Out*)**. Los primeros lotes de productos que entran en el almacén son los primeros que deben ser distribuidos.

- Lavar los envases antes de manipular el género para cocinar.

- Congelar o envasar en cantidades pequeñas que permitan manipular solo la mercancía que necesitamos en cada momento.

- Retirar los alimentos dañados para que no «contagien» a otros.

- Leer en detalle las indicaciones de conservación del etiquetado de los productos.

- Por su parte, los artículos de limpieza y productos utilizados para la desinfección serán almacenados en un lugar alejado de los alimentos y permanecerán debidamente identificados.

Tipos de almacenes

Dependiendo de las operaciones que se vayan a realizar, los almacenes pueden estar centralizados (toda la mercancía en un lugar) o descentralizados (diferentes almacenes para diferentes mercancías). Estos últimos reciben también el nombre de periféricos. Dependiendo del espacio disponible, los almacenes pueden estar constituidos por locales únicos o por una serie de locales separados o secciones comunicadas.

Dependiendo de las mercancías que contienen, podemos encontrar diferentes tipos de almacén:

- Almacén general: en un solo lugar tenemos todo tipo de mercancías, separando, por secciones, cada grupo de materiales, según sus necesidades de conservación y de utilización.

- Almacén de materia prima y partes componentes: este almacén tiene como función principal el abastecimiento oportuno de materias primas o partes componentes a los departamentos de producción.

- Almacén de materiales auxiliares: los materiales auxiliares, también llamados *indirectos,* son todos aquellos que no son componentes de un producto, pero que requieren envasado o empacado. Ejemplos: lubricantes, grasa, combustible, etiquetas, envases, etcétera.

- Almacén de productos en proceso: si los materiales o artículos semiterminados son guardados bajo custodia y control intencionalmente previstos por la programación, se puede decir que están en un almacén de materiales en proceso.

- Almacén de productos terminados: el almacén de productos terminados presta servicio al departamento de ventas guardando y controlando las existencias hasta el momento de despachar los productos a los clientes.

- **Almacén de herramientas:** es un almacén de herramientas y equipos y útiles que se prestan a los distintos departamentos y operarios para la producción o el mantenimiento.

- **Almacén de materiales de desperdicio:** los productos, partes o materiales que no tienen salvamento o reparación se aconseja que sean almacenados y controlados por separado, más si hablamos de basuras y desperdicios orgánicos o químicos.

- **Almacén de materiales obsoletos:** los materiales obsoletos son los que han sido descontinuados en la programación de la producción por falta de ventas, por deterioro, por descomposición o por haber vencido el plazo de caducidad. La razón de tener un almacén especial para este tipo de casos es que los materiales obsoletos no deben ocupar los espacios disponibles para aquellos que son de consumo actual.

- **Almacén de devoluciones:** aquí llegan las devoluciones de los clientes, en él se separan y clasifican los productos para reproceso, desperdicio y/o entrada a almacén.

Recomendaciones para organizar el espacio de almacenaje:

- Si los locales son demasiados amplios, no utilizar toda el área disponible.

- Evitar fijar estanterías o muebles, para que puedan ser reubicados en el futuro, si remodelamos el almacén.

- Tener en cuenta el proceso de operaciones.

- No olvidar la existencia de elementos fijos propios del local para el diseño (escaleras, columnas, etcétera).

- Respetar la reglamentación sobre higiene y seguridad.

- Mantener la separación de los alimentos y bebidas del resto de mercancías, sobre todo de los químicos.

2.3. Tipos de inventarios. Aplicación de procedimientos de gestión

El inventario es el recuento físico de las cantidades de materias primas, productos terminados, etc., que se pueden encontrar en una empresa. Algunas empresas realizan los inventarios diariamente, otras semanalmente, pero en la mayoría de los casos se hace mensualmente. Este inventario físico nos posibilita, entre otras cuestiones, comparar el inventario teórico con el inventario real.

El inventario, en líneas generales, tiene las siguientes características:

- La relación detallada de todos los bienes, derechos y deudas de la empresa.

- El documento más simple en contabilidad. Sirve para ver, de forma general, con lo que cuenta la empresa para desarrollar su actividad.

- Conjunto de mercancías o artículos que tiene la empresa para comerciar, permitiendo la compra, venta o la fabricación en un periodo económico determinado.

Inventario.

Los tipos de inventario más importantes:

Inventario inicial: se realiza al dar comienzo a las operaciones.

Inventario final: se realiza al cierre del ejercicio económico, generalmente al finalizar el periodo, aunque también nos facilita el inventario a la finalización del mes.

Inventario perpetuo: es el que se lleva de acuerdo con las existencias en el almacén, por medio de un registro detallado.

Inventario físico: es el inventario real. Consiste en contar, pesar o medir y anotar todas y cada una de las diferentes clases de mercancía que se hallen en existencia en la fecha del inventario, y evaluar cada una de dichas partidas. Se realiza como una lista detallada y valorada de las existencias.

Inventario máximo: debido al enfoque de control de masas empleado, existe el riesgo de que el inventario pueda llegar a niveles demasiado altos para algunos artículos; por lo tanto, se establece un nivel de inventario máximo. Esto, además, supone un sobrecosto en nuestro proceso productivo.

Inventario mínimo: nos indica la cantidad mínima de inventario que debe ser mantenida en un almacén para evitar desabastecimiento (roturas de *stock*).

Este inventario mínimo se fijará en función del artículo, de la rotación del mismo o incluso del tiempo de entrega por parte del proveedor.

Inventario disponible: es aquel que se encuentra disponible para la producción o venta.

2.4. Mantenimiento y reposición de existencias en el almacén

La gestión de los almacenes incluye diversas actividades necesarias para mantener –guardar– y suministrar el producto requerido por los clientes. Estas actividades incluyen la manipulación de los productos para su adaptación a los requisitos fijados por los clientes, transportes internos y externos, preparación de pedidos, reposición de existencias, inventarios de seguridad o gestión de los documentos originados como consecuencia del movimiento de mercancías, entre otros.

Una de las funciones más importantes es la referida a las existencias necesarias para dar un servicio correcto a los clientes, dentro de que suponga el menor coste para la empresa. Las decisiones referidas a las existencias afectan no solo al servicio dado al cliente, sino también a las relaciones con los proveedores, a las finanzas de la empresa y a los costes del producto.

Limpieza y desinfección de almacenes

Uno de los principios fundamentales de la gestión de los almacenes es la seguridad e higiene.

El orden y la limpieza son clave. Algunas cuestiones a tener en cuenta:

- Los almacenes deben barrerse diariamente, se deben establecer los métodos necesarios para el lavado y fregado de los pisos, estantes y ventanas periódicamente.

- Las puertas, paredes, ventanas y techos se ensucian con el trabajo diario, por lo que deben lavarse o retocarse con pintura cada determinado tiempo.

- Las paredes no deben utilizarse para colgar alambre, sogas, trapos de limpieza, ropa, etcétera.

- Las mesas o mostradores deben mantenerse libres de obstáculos, además de limpiarlos periódicamente. Los desperdicios y basuras deben depositarse en los contenedores, fuera de la zona de almacenamiento.

- Efectuar periódicamente limpieza del alumbrado, bombillas, etcétera.

- Desechar materiales deteriorados o inservibles, previa inspección técnica e informando a la administración para su baja de la contabilidad.

- Mantener limpias las instalaciones sanitarias.

- Los utensilios de limpieza deben guardarse en un solo lugar, separado de alimentos y bebidas.

- Todos los dispositivos contra incendios deben limpiarse, pulirse o pintarse periódicamente.

- Mantener las esquinas o rincones limpios.

- Los pasillos deben mantenerse limpios y despejados.

- Debe fumigarse periódicamente contra insectos y roedores.

En cuanto a la reposición, se deberá tener presente siempre el *stock* mínimo (inventario mínimo), como hemos indicado anteriormente. Esto implica que todos aquellos artículos que vayan alcanzando este *stock* mínimo deberán ser solicitados de inmediato para evitar la rotura de *stock* que entrañaría serios problemas para la prestación del servicio al cliente.

Dado que en el establecimiento se cuenta con un almacén general en el departamento de pisos y además otros almacenes periféricos y *offices*[16] de plantas, será necesario que la camarera lleve un riguroso control de los materiales que va necesitando reponer para poder realizar su trabajo diario. Tanto la subgobernanta como la gobernanta realizarán el control del consumo para detectar posibles desviaciones en relación a las cantidades presupuestadas para cada nivel de ocupación.

2.5. Montaje del carro de limpieza y carro de camarera

El personal de pisos utiliza el carro de camarera para trasladar todos los enseres que serán necesarios para realizar las tareas de limpieza en las habitaciones del establecimiento. En él se ubicarán la ropa de cama y toallas, los *amenities,* productos de limpieza, enseres como mopa para el polvo, fregona, cubos con agua, impresos que se dejan en cada habitación, papel higiénico y, en general, todo aquello que precisará la camarera para la limpieza. El contenido y estructura del carro variará en función de la categoría del establecimiento y el nivel de servicios que se desea prestar.

---

[16] El *office* es una o varias dependencias que se encuentran en cada planta del establecimiento y que tienen como finalidad servir de almacén de existencias (*amenities,* productos de limpieza, lencería, etc.). Asimismo, se suele dejar en él el carro de la camarera y también puede contar con un pequeño aseo y toma de agua.

El montaje del carro de la camarera es fundamental para poder prestar un servicio ágil y de calidad al cliente. En este sentido, existen dos tendencias en la industria alojativa; por un lado, existe la costumbre de realizar el montaje del carro al finalizar la jornada, dejándolo listo en el *office* para el próximo día; sin embargo, en otros establecimientos, el montaje del carro lo realiza la camarera al iniciar el turno cada mañana.

Carro de camarera.

La apariencia del carro es fundamental, debiendo aparecer en todo momento el contenido perfectamente ordenado, ya que de lo contrario se ofrece una mala imagen al cliente.

En el carro se dispondrán los siguientes elementos:

- Saco de basura.
- Saco de ropa sucia (en muchos casos se está utilizando un solo carro por planta para ir depositando la ropa sucia de todas las habitaciones).
- Bolsas de basura.
- Tres bayetas:
  - Muebles lavables.
  - Muebles no lavables.
  - Ceniceros.
- Estropajos.
- Guantes.

- Producto detergente neutro o multiusos.

- Mopa captapolvo.

- Dos cubos pequeños para aclarar las bayetas.

- Ropa de cama (sábanas bajeras, sábanas encimeras, fundas de almohada).

- Toallas (baño, lavabo y bidé).

- Alfombrines.

- Producto desinfectante.

- *Amenities* (jaboncillos, gel, champú, gorros de ducha, kit dental, kit de costura, limpia calzado, peine, algodones desmaquillantes, bastoncillos...).

- Impresos y demás papelería utilizados en la habitación (papel de cartas, sobres, listado de precios de lavandería, listado de precios de minibar, bolsas de lavandería...).

- Escobillón, recogedor.

- Limpiacristales, limpia muebles, producto multiusos.

- Cubos para fregar.

- Aspiradora (solo si las habitaciones poseen moqueta).

En cuanto al orden de colocación, se dispondrá en los estantes de la parte baja y media del carro toda la ropa que se vaya a utilizar (cama y baño).

En la bandeja superior se colocarán los *amenities,* papelería, control de la camarera, bolígrafos o lapiceros para los clientes.

El carro dispone de dos sacos laterales de loneta en los cuales se depositará la basura y la ropa sucia (salvo que, como hemos indicado, la ropa sucia se vaya colocando en un carro general por planta).

En cuanto al *carro de limpieza,* se utiliza para realizar las labores de limpieza en las zonas comunes y de servicio del establecimiento. Dado que no se transportará en él ropa de cama y toallas, será de un tamaño más reducido y dispondrá de menos estantes para apilar este material.

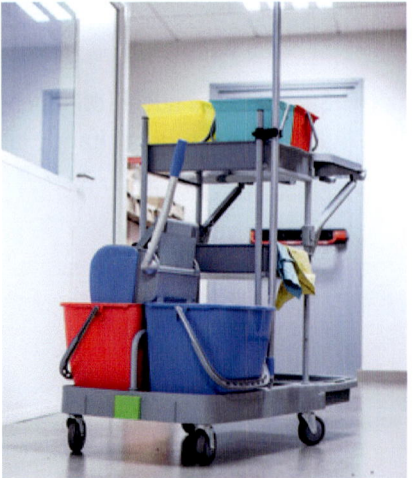

Carro de limpieza.

El carro normalmente llevará dos cubos (cada uno de un color). La finalidad de estos dos cubos es que uno incluya el agua con producto fregasuelos y el otro (con prensa) se utilice para aclarar y escurrir la fregona.

Además, se incluirán unos cubos pequeños en la parte superior para humedecer y aclarar las bayetas de microfibra.

Este equipamiento se completará con las bayetas de microfibra y productos de limpieza (fregasuelos, limpiacristales, limpiamuebles, limpiador multiusos, etcétera).

2.6. Organización del almacén y del *office*

El *office* es el lugar más importante para la puesta a punto de habitaciones, ya que este almacén periférico permite a la camarera de pisos tener ubicadas en un mismo lugar todas las herramientas que necesitará durante la jornada. Es importante que a la hora de distribuir las zonas se tengan muy en cuenta las tareas que el personal de pisos va a desarrollar.. En bastantes hoteles, a la hora de su construcción, no se tuvo en cuenta el trabajo en el área de pisos, y resultan hoteles bastante incómodos y poco prácticos para trabajar.

Dentro del *office,* los artículos se clasificarán de la siguiente forma:

- Lencería.
- Útiles y productos de limpieza.
- Productos para reposición de minibares.
- Carro de pisos.

Hay, al menos, un *office* en cada planta.

- Deberá estar bien situado, junto a la escalera de servicios y del montacargas, para facilitar la reposición del *stock* y el traslado de la ropa a la lavandería.
- Deberá estar dotado de toda la maquinaria necesaria.
- Una buena organización y orden permitirá el ahorro de tiempo y la maximización del espacio.

En cuanto a la dotación del *office,* este deberá contar con:

- Aseo para uso de las camareras. Está prohibido la utilización del baño de los clientes.
- Armario-taquilla si se usa el *office* como vestuario.
- Una mesa y una silla.

- Estantes para almacenar por separado:
  — Productos y útiles de limpieza.
  — Dotaciones de minibares.
  — Lencería.
- Vertedero para aguas sucias y una pila para lavar.
- Cubos de basura grandes (clasificación de residuos).
- Carro de camarera.
- Carro para la ropa sucia para su traslado a la lavandería. En algunos casos se utiliza una tolva a través de la que se envía la ropa a la lavandería directamente.
- Botiquín, dotado de los materiales suficientes para atender pequeñas curas.
- Teléfono interior.
- Camas supletorias y cunas.
- Almohadas de diferentes modelos.
- Es conveniente tener un listado que indique qué material se debe tener dentro de cada modalidad y que, de esta forma, nunca falte nada.
- Al finalizar el turno, cada camarera cumplimentará el impreso de cambio de ropa contabilizando la ropa retirada del *office.*
- En todo momento se tendrá el *office* suficientemente equipado para evitar desplazamientos innecesarios.
- La ropa se colocará siempre con los lomos hacia afuera, para que se pueda contar y retirar con más facilidad.

En cuanto a las normas para almacenar los materiales:

- Deberá señalarse con una etiqueta la ubicación de cada material en los estantes.
- Los productos inflamables se colocarán lo más alejados posible de enchufes o fuentes de calor.
- Los envases deberán estar identificados con etiquetas.
- En los estantes superiores se colocarán los envases que estén sin abrir para evitar derrames.
- Los utensilios de limpieza se ubicarán en un armario distinto. Se identificará con etiquetas en los estantes el contenido de cada balda.
- *Stock* mínimo de dotación de minibar.

RESUMEN

1. **Realización de las operaciones de aprovisionamiento, control e inventario de existencias en el área de pisos**

   Las operaciones de aprovisionamiento y control del inventario tienen como finalidad evitar la rotura de stocks en el departamento de pisos. Para ello, es necesario contar con una ficha de artículo en la que se anoten todos los movimientos de entrada y salida de productos. Además, mensualmente se debe realizar un inventario físico para contrastar la existencia real con la existencia teórica y tomar medidas en caso de desviaciones.

2. **Procedimientos administrativos relativos a la recepción, almacenamiento, distribución interna y expedición de existencias**

   La recepción, almacenamiento, distribución interna y expedición de existencias generan diversos procedimientos administrativos. Las mercancías o géneros se pueden clasificar en artículos de larga duración (inmovilizado) y artículos de corta duración (existencias, consumibles). Para un correcto abastecimiento y control de los productos y materiales, es necesario seguir los principios de orden y clasificación, rotación de stocks, seguridad e higiene, y supervisión y control.

3. **Organización del almacén**

   Para facilitar el uso del almacén en la operación del negocio, es necesario asignar una identificación a cada producto y unificarla en todas las áreas. Además, se debe codificar esta identificación y ubicar cada material o producto en pasillos y estantes marcados para su fácil localización. También es importante mantener una disposición flexible del almacén y asignar a una persona la responsabilidad de mantener el orden y clasificar las mercancías.

4. **Rotación de *stocks***

   Para optimizar el funcionamiento del almacén, es clave establecer niveles correctos de stock mínimos y máximos, teniendo en cuenta el ciclo de producción y venta de la empresa. También es importante tener en cuenta la disponibilidad de proveedores y la existencia de una red ágil de distribución. Una rápida rotación de los productos almacenados aumentará los beneficios y reducirá el riesgo de pérdidas o daños.

5. **Seguridad e higiene**

   Para garantizar la seguridad y proteger la mercancía almacenada, es necesario realizar revisiones periódicas del sistema eléctrico, equipos y estanterías, así como mantener los pasillos despejados y el almacén limpio y en buenas condiciones. También es importante llevar un registro actualizado de las entradas y salidas, y asignar funciones especializadas al personal del almacén. Se recomienda que los inventarios físicos sean realizados por personal ajeno al almacén.

6. Recepción de mercancías

Al recibir la mercancía, es importante comprobar que coincide con lo solicitado en términos de productos, cantidades y características. Para ello, se debe realizar una inspección visual y comparar con el documento de pedido. En caso de encontrar alguna diferencia, se debe notificar y tomar las medidas necesarias.

7. Proceso de solicitud de compra

El proceso de solicitud de compra es una serie de pasos que se deben seguir para adquirir los productos necesarios para el funcionamiento del establecimiento. Comienza con la detección de la necesidad de realizar un pedido, seguido de la solicitud de compra al economato o proveedor. Una vez recibido el pedido, se comprueba que coincida con lo solicitado y se procede a su almacenamiento y distribución interna. Finalmente, se registra la salida y entrada de los productos para mantener actualizado el *stock*.

8. Clasificación y ubicación de existencias

La clasificación y ubicación de existencias es un proceso importante para garantizar una correcta gestión de los productos. Se deben separar los químicos de herramientas, alimentos y bebidas, y facilitar el acceso a los productos con mayor rotación. Además, se debe seguir el sistema FIFO *(First In, First Out)* para almacenar los productos. Es esencial tener en cuenta la ventilación, etiquetado y disposición práctica de la mercancía, así como seguir las instrucciones de conservación para garantizar su correcta manipulación. Dependiendo de las operaciones que se van a realizar, los almacenes pueden ser centralizados o descentralizados, y deben estar adecuadamente identificados y separados según su uso.

9. Tipos de almacén

Los almacenes son espacios destinados a guardar y controlar las existencias de una empresa. Dependiendo de las mercancías que contienen, podemos encontrar diferentes tipos de almacén, como el almacén general, de materia prima, de materiales auxiliares, de productos en proceso, de productos terminados, de herramientas, de materiales de desperdicio, de materiales obsoletos y de devoluciones.

10. Organización del espacio de almacenaje

Para organizar el espacio de almacenaje, es importante tener en cuenta el proceso de operaciones y respetar la reglamentación sobre higiene y seguridad. Además, se recomienda evitar fijar estanterías o muebles para poder reubicarlos en el futuro y mantener la separación de alimentos y bebidas de otros productos, especialmente de los químicos. También es necesario tener en cuenta la existencia de elementos fijos propios del local para el diseño, como escaleras o columnas.

11. Actividades en la gestión de almacenes

Las actividades en la gestión de almacenes incluyen la manipulación de productos, transporte, preparación de pedidos, inventarios y gestión de documentos. Una de las funciones más importantes es mantener un nivel adecuado de existencias para satisfacer a los clientes y minimizar costos.

12. Limpieza y desinfección de almacenes

La seguridad e higiene son fundamentales en la gestión de almacenes. Se deben establecer métodos para mantener el orden y la limpieza, como barrer diariamente, lavar y fregar pisos y ventanas periódicamente, y desechar materiales inservibles. También es importante fumigar contra insectos y roedores periódicamente.

13. Reposición de existencias

Es necesario tener en cuenta el stock mínimo para garantizar un servicio adecuado a los clientes. Se deben solicitar inmediatamente aquellos artículos que alcancen este nivel mínimo para evitar problemas en la prestación del servicio. La subgobernanta y la gobernanta deben controlar el consumo y detectar posibles desviaciones.

14. Montaje del carro de limpieza y carro de camarera

El personal de pisos utiliza el carro de camarera para trasladar los enseres necesarios para la limpieza de habitaciones. El contenido y estructura del carro varía según la categoría del establecimiento. Es importante mantener una apariencia ordenada y disponer de elementos como sacos de basura, bayetas, estropajos y productos de limpieza.

15. Equipamiento y organización del carro de limpieza

El carro de limpieza es un elemento esencial para la realización de las tareas de limpieza en las habitaciones de un hotel. Debe estar equipado con productos de limpieza, utensilios y lencería necesarios para llevar a cabo su función. Además, su organización debe ser cuidadosa para maximizar el espacio y facilitar el trabajo de la camarera de pisos.

16. Dotación y organización del *office*

El *office* es un espacio fundamental para la puesta a punto de las habitaciones. Debe estar bien situado y dotado con todo lo necesario para facilitar el trabajo de las camareras de pisos, como una mesa, silla, armario-taquilla, vertedero para aguas sucias, entre otros. Además, es importante mantener una buena organización y orden para ahorrar tiempo y espacio.

PREGUNTAS

SECCIÓN 1

2.1. ¿Cuál es el propósito de realizar un inventario físico mensual en el área de pisos?

2.2. ¿Qué principios se deben seguir para un correcto abastecimiento y control de productos y materiales?

2.3. ¿Qué se debe hacer para facilitar el uso del almacén en el negocio?

2.4. ¿Qué se debe considerar para optimizar el funcionamiento del almacén en relación con la rotación de *stocks*?

2.5. ¿Qué medidas se deben tomar para garantizar la seguridad e higiene en el almacén?

2.6. ¿Qué se debe hacer al recibir la mercancía para asegurar que coincide con lo solicitado?

2.7. ¿Cuál es el proceso de solicitud de compra para adquirir productos necesarios para el establecimiento?

2.8. ¿Qué aspectos se deben considerar para la clasificación y ubicación de existencias en el almacén?

SECCIÓN 2

2.9. ¿Cuáles son los diferentes tipos de almacén que se pueden encontrar?

2.10. ¿Qué aspectos se deben considerar al organizar el espacio de almacenaje?

2.11. ¿Qué actividades se incluyen en la gestión de almacenes?

2.12. ¿Por qué es fundamental la limpieza y desinfección de almacenes?

2.13. ¿Qué se debe tener en cuenta al reponer existencias en un almacén?

2.14. ¿Para qué se utiliza el carro de camarera en un hotel?

2.15. ¿Qué elementos debe tener el carro de limpieza en un hotel?

2.16. ¿Qué función cumple el *office* en un hotel?

MAPAS CONCEPTUALES

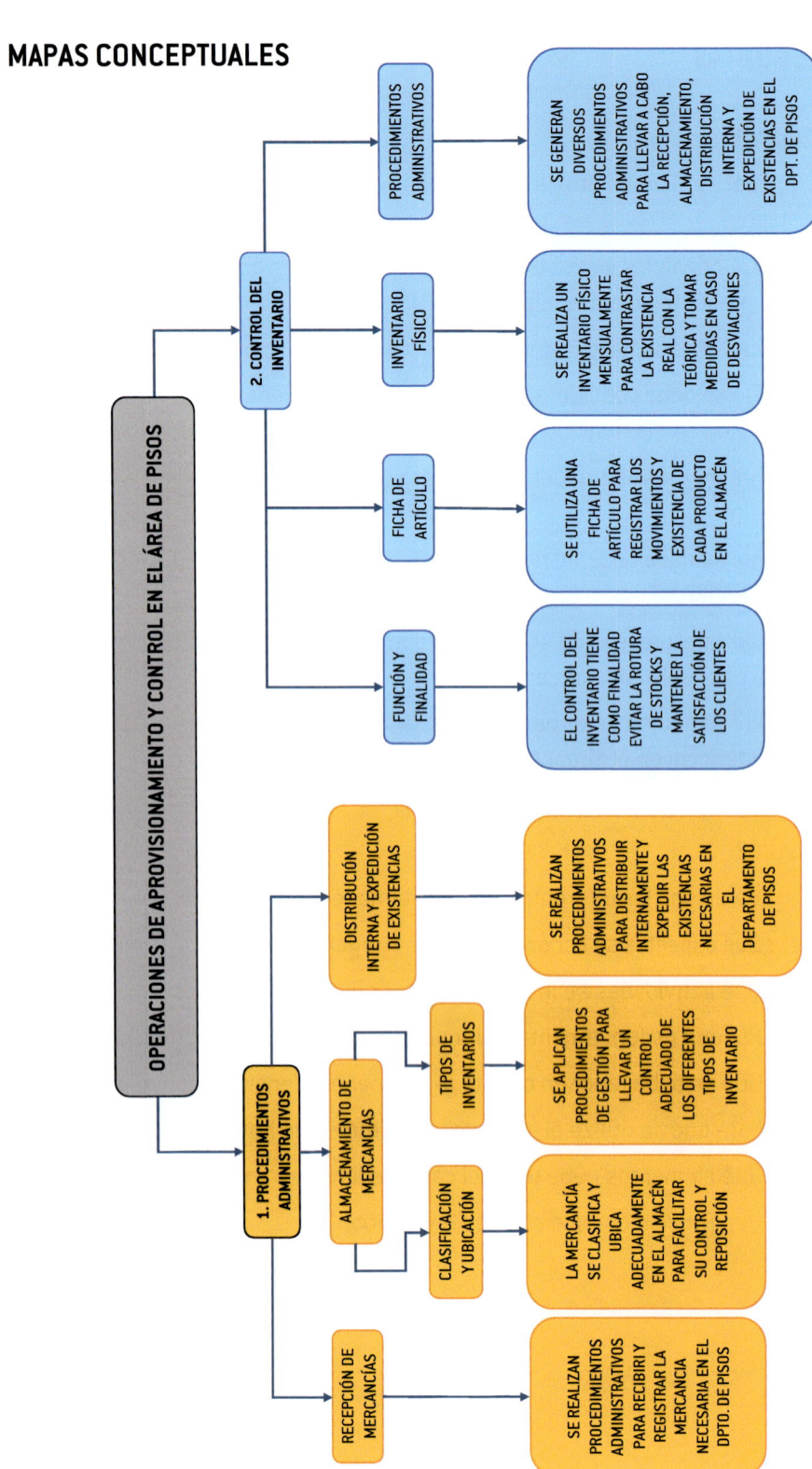

OPERACIONES DE APROVISIONAMIENTO Y CONTROL EN EL ÁREA DE PISOS

1. PROCEDIMIENTOS ADMINISTRATIVOS

RECEPCIÓN DE MERCANCÍAS — SE REALIZAN PROCEDIMIENTOS ADMINISTRATIVOS PARA RECIBIR Y REGISTRAR LA MERCANCÍA NECESARIA EN EL DPTO. DE PISOS

ALMACENAMIENTO DE MERCANCÍAS

CLASIFICACIÓN Y UBICACIÓN — LA MERCANCÍA SE CLASIFICA Y UBICA ADECUADAMENTE EN EL ALMACÉN PARA FACILITAR SU CONTROL Y REPOSICIÓN

TIPOS DE INVENTARIOS — SE APLICAN PROCEDIMIENTOS DE GESTIÓN PARA LLEVAR UN CONTROL ADECUADO DE LOS DIFERENTES TIPOS DE INVENTARIO

DISTRIBUCIÓN INTERNA Y EXPEDICIÓN DE EXISTENCIAS — SE REALIZAN PROCEDIMIENTOS ADMINISTRATIVOS PARA DISTRIBUIR INTERNAMENTE Y EXPEDIR LAS EXISTENCIAS NECESARIAS EN EL DEPARTAMENTO DE PISOS

2. CONTROL DEL INVENTARIO

FUNCIÓN Y FINALIDAD — EL CONTROL DEL INVENTARIO TIENE COMO FINALIDAD EVITAR LA ROTURA DE STOCKS Y MANTENER LA SATISFACCIÓN DE LOS CLIENTES

FICHA DE ARTÍCULO — SE UTILIZA UNA FICHA DE ARTÍCULO PARA REGISTRAR LOS MOVIMIENTOS Y EXISTENCIA DE CADA PRODUCTO EN EL ALMACÉN

INVENTARIO FÍSICO — SE REALIZA UN INVENTARIO FÍSICO MENSUALMENTE PARA CONTRASTAR LA EXISTENCIA REAL CON LA TEÓRICA Y TOMAR MEDIDAS EN CASO DE DESVIACIONES

PROCEDIMIENTOS ADMINISTRATIVOS — SE GENERAN DIVERSOS PROCEDIMIENTOS ADMINISTRATIVOS PARA LLEVAR A CABO LA RECEPCIÓN, ALMACENAMIENTO, DISTRIBUCIÓN INTERNA Y EXPEDICIÓN DE EXISTENCIAS EN EL DPT. DE PISOS

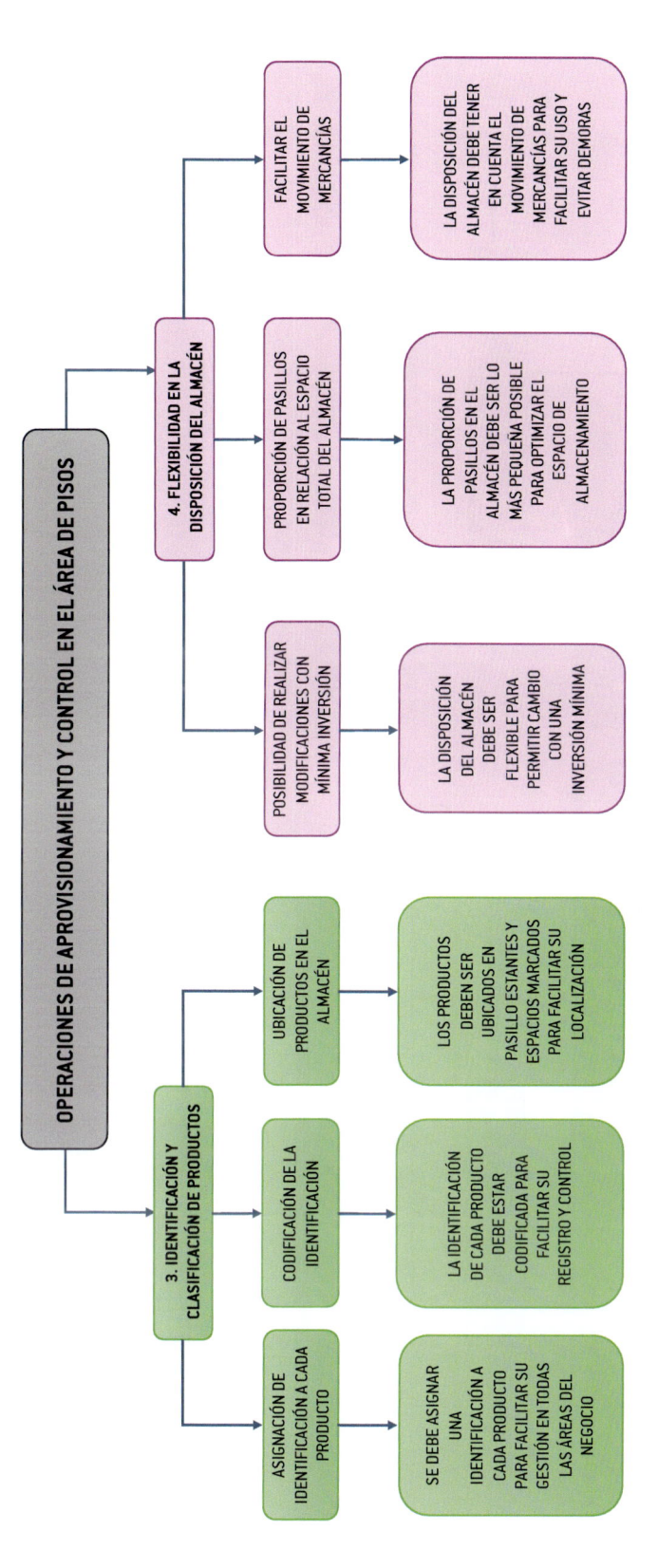

OPERACIONES DE APROVISIONAMIENTO Y CONTROL EN EL ÁREA DE PISOS

3. IDENTIFICACIÓN Y CLASIFICACIÓN DE PRODUCTOS

ASIGNACIÓN DE IDENTIFICACIÓN A CADA PRODUCTO

SE DEBE ASIGNAR UNA IDENTIFICACIÓN A CADA PRODUCTO PARA FACILITAR SU GESTIÓN EN TODAS LAS ÁREAS DEL NEGOCIO

CODIFICACIÓN DE LA IDENTIFICACIÓN

LA IDENTIFICACIÓN DE CADA PRODUCTO DEBE ESTAR CODIFICADA PARA FACILITAR SU REGISTRO Y CONTROL

UBICACIÓN DE PRODUCTOS EN EL ALMACÉN

LOS PRODUCTOS DEBEN SER UBICADOS EN PASILLO ESTANTES Y ESPACIOS MARCADOS PARA FACILITAR SU LOCALIZACIÓN

4. FLEXIBILIDAD EN LA DISPOSICIÓN DEL ALMACÉN

POSIBILIDAD DE REALIZAR MODIFICACIONES CON MÍNIMA INVERSIÓN

LA DISPOSICIÓN DEL ALMACÉN DEBE SER FLEXIBLE PARA PERMITIR CAMBIO CON UNA INVERSIÓN MÍNIMA

PROPORCIÓN DE PASILLOS EN RELACIÓN AL ESPACIO TOTAL DEL ALMACÉN

LA PROPORCIÓN DE PASILLOS EN EL ALMACÉN DEBE SER LO MÁS PEQUEÑA POSIBLE PARA OPTIMIZAR EL ESPACIO DE ALMACENAMIENTO

FACILITAR EL MOVIMIENTO DE MERCANCÍAS

LA DISPOSICIÓN DEL ALMACÉN DEBE TENER EN CUENTA EL MOVIMIENTO DE MERCANCÍAS PARA FACILITAR SU USO Y EVITAR DEMORAS

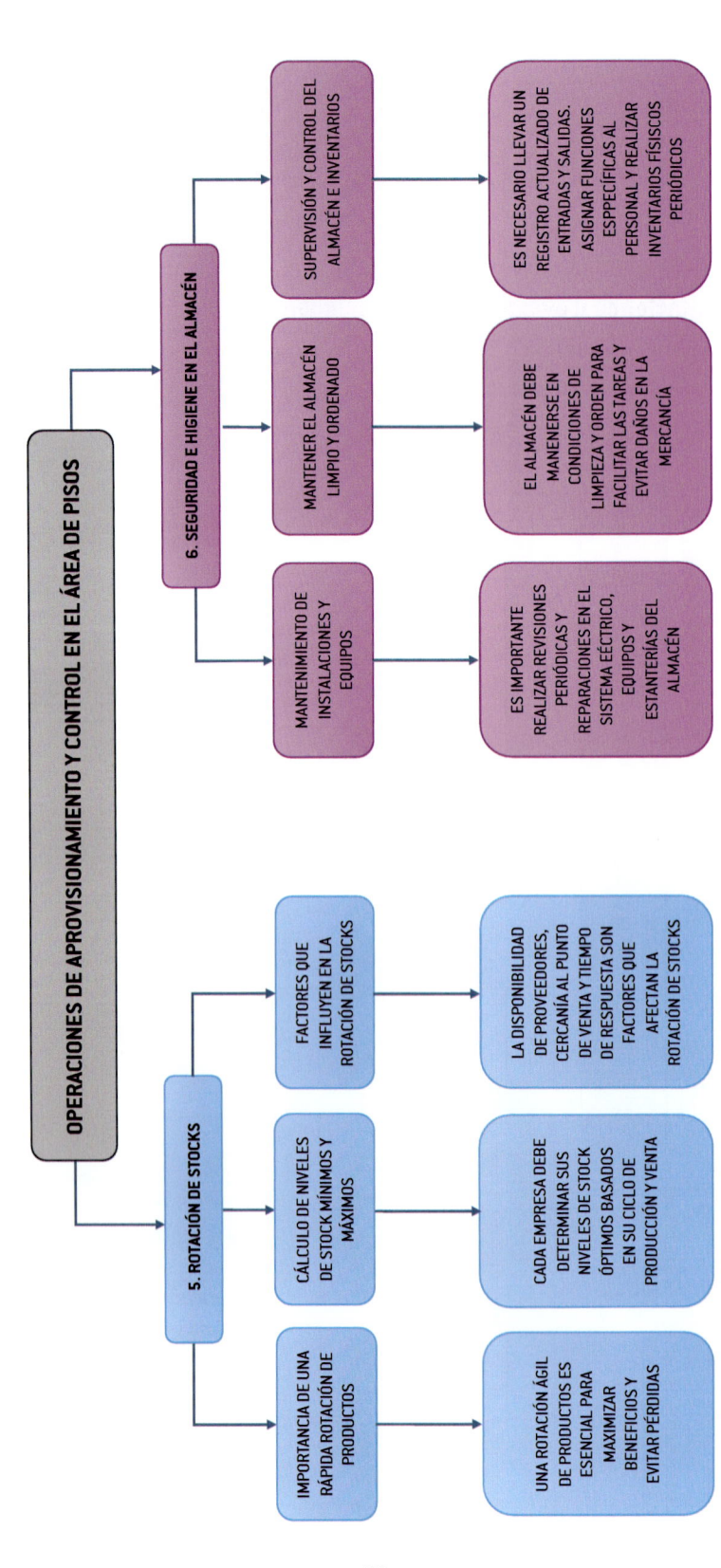

OPERACIONES DE APROVISIONAMIENTO Y CONTROL EN EL ÁREA DE PISOS

5. ROTACIÓN DE STOCKS

IMPORTANCIA DE UNA RÁPIDA ROTACIÓN DE PRODUCTOS

UNA ROTACIÓN ÁGIL DE PRODUCTOS ES ESENCIAL PARA MAXIMIZAR BENEFICIOS Y EVITAR PÉRDIDAS

CÁLCULO DE NIVELES DE STOCK MÍNIMOS Y MÁXIMOS

CADA EMPRESA DEBE DETERMINAR SUS NIVELES DE STOCK ÓPTIMOS BASADOS EN SU CICLO DE PRODUCCIÓN Y VENTA

FACTORES QUE INFLUYEN EN LA ROTACIÓN DE STOCKS

LA DISPONIBILIDAD DE PROVEEDORES, CERCANÍA AL PUNTO DE VENTA Y TIEMPO DE RESPUESTA SON FACTORES QUE AFECTAN LA ROTACIÓN DE STOCKS

6. SEGURIDAD E HIGIENE EN EL ALMACÉN

MANTENIMIENTO DE INSTALACIONES Y EQUIPOS

ES IMPORTANTE REALIZAR REVISIONES PERIÓDICAS Y REPARACIONES EN EL SISTEMA EÉCTRICO, EQUIPOS Y ESTANTERÍAS DEL ALMACÉN

MANTENER EL ALMACÉN LIMPIO Y ORDENADO

EL ALMACÉN DEBE MANENERSE EN CONDICIONES DE LIMPIEZA Y ORDEN PARA FACILITAR LAS TAREAS Y EVITAR DAÑOS EN LA MERCANCÍA

SUPERVISIÓN Y CONTROL DEL ALMACÉN E INVENTARIOS

ES NECESARIO LLEVAR UN REGISTRO ACTUALIZADO DE ENTRADAS Y SALIDAS, ASIGNAR FUNCIONES ESPECÍFICAS AL PERSONAL Y REALIZAR INVENTARIOS FÍSISCOS PERIÓDICOS

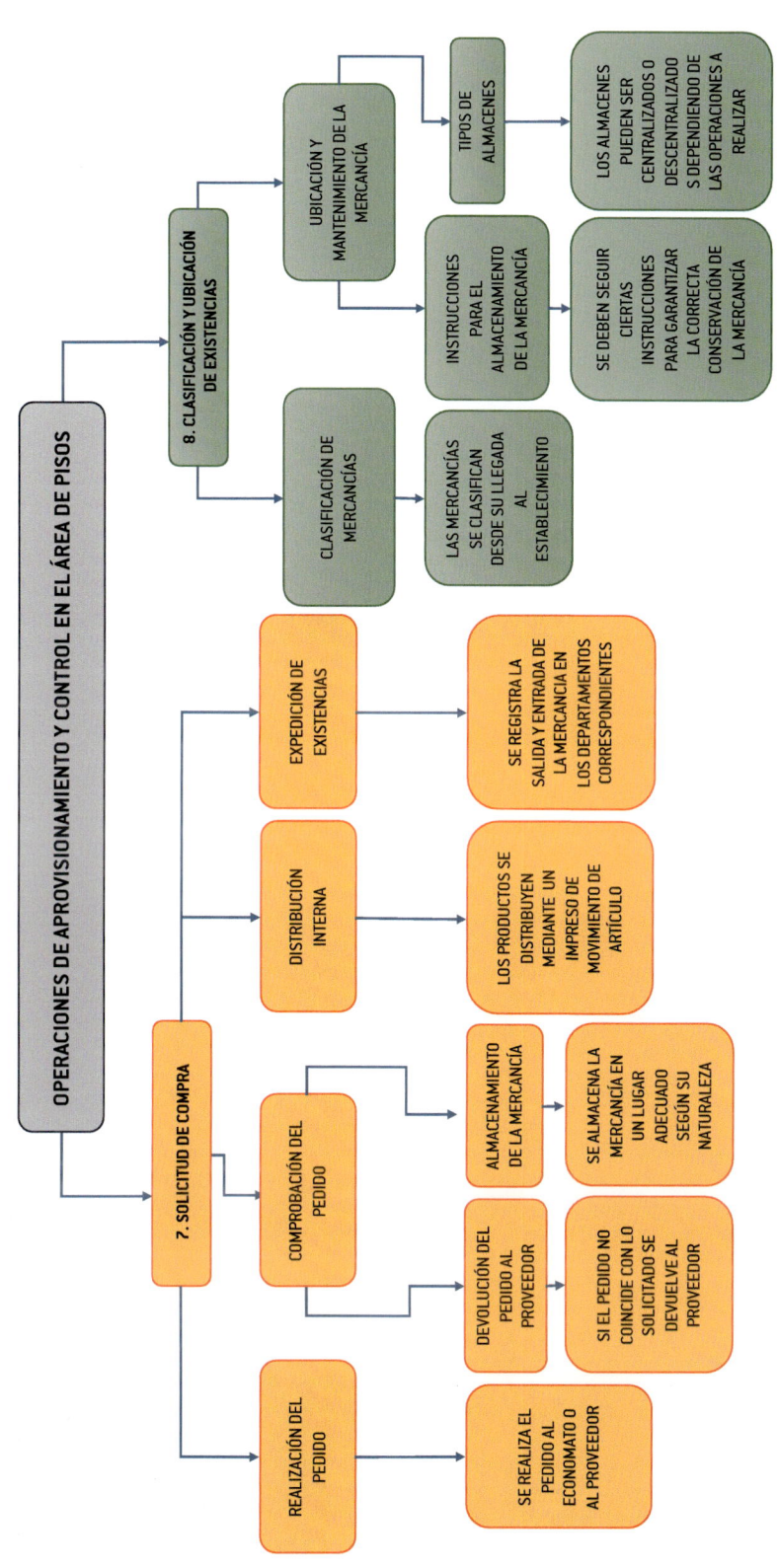

OPERACIONES DE APROVISIONAMIENTO Y CONTROL EN EL ÁREA DE PISOS

7. SOLICITUD DE COMPRA

REALIZACIÓN DEL PEDIDO
- SE REALIZA EL PEDIDO AL ECONOMATO O AL PROVEEDOR

COMPROBACIÓN DEL PEDIDO
- DEVOLUCIÓN DEL PEDIDO AL PROVEEDOR
  - SI EL PEDIDO NO COINCIDE CON LO SOLICITADO SE DEVUELVE AL PROVEEDOR
- ALMACENAMIENTO DE LA MERCANCÍA
  - SE ALMACENA LA MERCANCÍA EN UN LUGAR ADECUADO SEGÚN SU NATURALEZA

DISTRIBUCIÓN INTERNA
- LOS PRODUCTOS SE DISTRIBUYEN MEDIANTE UN IMPRESO DE MOVIMIENTO DE ARTÍCULO

EXPEDICIÓN DE EXISTENCIAS
- SE REGISTRA LA SALIDA Y ENTRADA DE LA MERCANCÍA EN LOS DEPARTAMENTOS CORRESPONDIENTES

8. CLASIFICACIÓN Y UBICACIÓN DE EXISTENCIAS

CLASIFICACIÓN DE MERCANCÍAS
- LAS MERCANCÍAS SE CLASIFICAN DESDE SU LLEGADA AL ESTABLECIMIENTO

UBICACIÓN Y MANTENIMIENTO DE LA MERCANCÍA
- INSTRUCCIONES PARA EL ALMACENAMIENTO DE LA MERCANCÍA
  - SE DEBEN SEGUIR CIERTAS INSTRUCCIONES PARA GARANTIZAR LA CORRECTA CONSERVACIÓN DE LA MERCANCÍA
- TIPOS DE ALMACENES
  - LOS ALMACENES PUEDEN SER CENTRALIZADOS O DESCENTRALIZADOS DEPENDIENDO DE LAS OPERACIONES A REALIZAR

3. Participación en la mejora de la calidad

Contenido

Aunque en el establecimiento exista un departamento de calidad, es fundamental tener presente que la calidad es responsabilidad de cada empleado del establecimiento. Solo de esta forma se podrá garantizar que el cliente quede satisfecho y logremos fidelizarlo.

Obviamente, la implicación de la dirección también es fundamental, pero se debe transmitir a todos los niveles de la organización esta implicación mediante los adecuados sistemas de comunicación interna.

3.1. Aseguramiento de la calidad

Como se ha indicado anteriormente, la calidad es misión de todo el personal del establecimiento. Pero hay que tener en cuenta la orientación que debe tener la empresa hacia la satisfacción de las necesidades y expectativas de sus clientes.

A continuación, se detallan los principios en los que descansa la calidad:

1. El cliente es el único juez de la calidad del servicio. Sus opiniones son, por tanto, fundamentales.

2. El cliente es quien determina el nivel de excelencia del servicio, y... ¡siempre quiere más!

3. La empresa debe formular ofertas que le permitan alcanzar sus objetivos, ganar dinero y distinguirse de sus competidores.

4. La empresa debe gestionar las expectativas de sus clientes, reduciendo en lo posible la diferencia entre la realidad del servicio y las expectativas del cliente.

5. Nada se opone a que las ofertas se transformen en normas de calidad. El hecho de que la calidad del servicio sea, en parte, subjetiva no impide que se puedan definir normas precisas.

6. Para eliminar errores se debe imponer una disciplina férrea y un constante esfuerzo. En servicios no existe punto medio. Hay que aspirar a la excelencia, al «cero defectos».

7. Atendiendo a los detalles es como se logra mejorar la calidad de los servicios. Y eso exige la participación de todos, desde el dueño de la empresa

hasta el último de sus empleados. Porque el cliente tiene una habilidad especial para ver sobre todo «lo que no funciona».

El sistema de aseguramiento de la calidad está formado en esencia por los siguientes elementos:

- El manual de calidad (qué hacer).

- El manual de procedimientos (cómo hacerlo), que incluye:

    — Los procedimientos generales.

    — Las instrucciones de trabajo o instrucciones técnicas. Tanto los procedimientos como las instrucciones técnicas deben ser ejecutadas por el personal, SIN EXCEPCIÓN, pues es la única manera de que la calidad programada por la empresa sea realizada y percibida por el cliente.

    — Los registros que sean necesarios.

Principios para asentar la búsqueda de la calidad.

1. Orientación hacia los resultados.

2. Orientación al cliente.

3. Liderazgo y coherencia en los objetivos.

4. Gestión por procesos y resultados.

5. Desarrollo e implicación de las personas.

6. Aprendizaje, innovación y mejora continuos.

7. Desarrollo de las alianzas.

8. Responsabilidad social.

Clasificación y definición de los costes relacionados con la calidad

a. Coste de la calidad o de conformidad:

- Costes de prevención.

- Costes de evaluación.

b. Coste de la no calidad o no conformidad:

- Costes de fallos internos.

- Costes de fallos externos.

Aseguramiento de la calidad.

El coste total de la calidad sería la suma de ambos grupos.

Costes de la calidad o de conformidad. Son aquellos originados por la implantación y desarrollo de las actividades necesarias para alcanzar los objetivos de calidad. Expresan el esfuerzo económico necesario para asegurar que el producto alcance el grado de idoneidad suficiente para su buen uso por el cliente, y comprende los costes de prevención y evaluación.

Costes de prevención. Se entienden por costes de prevención aquellos en los que se incurre para poder implantar y mejorar el sistema de calidad. Tratan de prevenir la aparición de errores o defectos e intentan asegurar los niveles de calidad previamente establecidos (evaluación de proveedores, formación y adiestramiento del personal, mantenimiento preventivo, etcétera).

Costes de evaluación. Son aquellos originados por la implantación y desarrollo de las actividades tendentes a comprobar o verificar que se está consiguiendo la calidad especificada (análisis de las encuestas a clientes, análisis de posición en el mercado en relación a la competencia o la revisión de informes técnicos externos).

Costes de la no calidad o no conformidad. Son aquellos costes asociados a los fallos o errores en los productos y que impiden que estos cumplan con los requisitos especificados o acordados con los clientes.

Costes de fallos o errores internos. Son los costes provocados por los productos y servicios que no cumplen con los requisitos de calidad establecidos y que son detectados durante el proceso de evaluación y siempre antes de su entrega al cliente (devoluciones a proveedores, modificaciones de escandallos de costes y precios, errores en el diseño y/o características de algún producto, etcétera).

Costes de fallos o errores externos. Son costes asociados a los productos y servicios que no cumplen los requisitos de calidad o no satisfacen las necesidades o expectativas de los clientes y que se manifiestan después de su entrega a estos (devoluciones de clientes, necesidad de asistencia al cliente, penalizaciones por incumplimientos, pérdida de imagen).

3.2. Actividades de prevención y control de los insumos y procesos para tratar de evitar resultados defectuosos

Calidad y productividad

La calidad significa una continua mejora de la productividad que, a su vez, supone reducir los costes de la producción porque, para mejorar la productividad, el nivel de eficiencia debe estar siendo mejorado continuamente.

La productividad es la relación entre la producción obtenida por un sistema productivo y los recursos utilizados para obtener dicha producción. También puede ser definida como la relación entre los resultados y el tiempo utilizado para obtenerlos: cuanto menor sea el tiempo que lleve obtener el resultado deseado, más productivo es el sistema.

La productividad va relacionada con la mejora continua del sistema de gestión de la calidad y, gracias a este sistema de calidad, se pueden prevenir los defectos de calidad del producto mejorando los estándares de producción de la empresa y evitando que productos defectuosos lleguen al usuario final.

La calidad implica mejorar permanentemente la eficacia y eficiencia de la organización y de sus actividades y estar siempre muy atento a las necesidades del cliente y a sus quejas o muestras de insatisfacción.

La gestión del rendimiento se encuadra precisamente en ese ámbito, es decir, en el ámbito del conjunto de actividades que llevan a obtener el producto capaz de satisfacer al cliente, velando por la eficacia y la eficiencia de todos los estamentos de la organización empresarial.

La gestión del rendimiento hace referencia a encontrar los pasos a dar para resolver los problemas que puede estar ocasionando un rendimiento poco eficiente de las personas que trabajan en una empresa para lo que, en primer lugar, hay que examinar el funcionamiento de todos los procesos y, en segundo lugar, rediseñar aquellos que se han considerado ineficientes para mejorarlos y hacerlos más eficaces.

Para garantizar la mejora en el rendimiento de la empresa, se deberán seguir los siguientes pasos:

1. **Análisis** de la situación actual en cuanto a funcionamiento, resultados actuales y problemas existentes.

2. **Descripción** de los estándares de calidad y diseño de las características de los puestos de trabajo en cuanto a la cualificación necesaria y las funciones específicas que tiene que realizar.

3. **Selección** de los trabajadores adecuados según el perfil técnico e incluso psicológico requerido.

4. **Acogida** de los nuevos trabajadores de manera que se sientan integrados en la organización y se evite así la normal incertidumbre inicial y el retraso en la adaptación.

5. **Diseñar e implantar** un plan de formación continua para los empleados de todos los niveles con objeto de optimizar su rendimiento en todo momento.

6. Instaurar un sistema de **promoción interna** con fases de evaluación, orientación y perfeccionamiento.

7. Establecer un **plan de retribuciones** ajustado a la intervención y aportación de cada empleado.

8. Obtener información continuamente de cómo cada empleado realiza su trabajo, o sea, realizar **evaluaciones** del trabajo de cada uno.

9. Asegurar y mantener la **motivación** de los empleados para que mejore su desarrollo.

En cuanto a los aprovisionamientos, es importante tener en cuenta la política de sostenibilidad y protección medioambiental que gestione la empresa.

En este sentido, se han desarrollado certificaciones otorgadas por organismos oficiales, como es el caso de la certificación B-Corp.

RESUMEN

1. Participación en la mejora de la calidad

La calidad es responsabilidad de cada empleado del establecimiento y la implicación de la dirección es fundamental. Se debe transmitir esta implicación a todos los niveles de la organización mediante sistemas de comunicación interna. Además, la orientación de la empresa debe ser hacia la satisfacción de las necesidades y expectativas de los clientes.

2. Aseguramiento de la calidad

El sistema de aseguramiento de la calidad está formado por un manual de calidad, un manual de procedimientos y registros necesarios. Los principios para buscar la calidad incluyen orientación hacia los resultados, al cliente, liderazgo, gestión por procesos y resultados, desarrollo e implicación de las personas, aprendizaje, innovación, mejora continua, desarrollo de alianzas y responsabilidad social. Además, existen costes de calidad o conformidad, que incluyen costes de prevención y evaluación, y costes de no calidad o no conformidad, que incluyen costes de fallos internos y externos.

3. Costes de la no calidad o no conformidad

Los costes de la no calidad o no conformidad son aquellos asociados a los fallos o errores en los productos y servicios que impiden que cumplan con los requisitos establecidos por los clientes. Estos costes pueden ser internos, detectados durante el proceso de evaluación, o externos, manifestándose después de la entrega al cliente.

4. Actividades de prevención y control de los insumos y procesos para tratar de evitar resultados defectuosos

La calidad y la productividad están estrechamente relacionadas, ya que una mejora en la calidad conlleva una mejora en la productividad y, por tanto, una reducción en los costes de producción. Para lograr una mejora continua en la calidad, es necesario implementar un sistema de gestión de calidad que permita prevenir los defectos en los productos y evitar que lleguen al cliente final. Esto implica estar atentos a las necesidades y quejas de los clientes y realizar un análisis y rediseño de los procesos ineficientes para mejorar su eficacia y eficiencia.

PREGUNTAS

3.1. ¿Por qué es fundamental la implicación de la dirección en la mejora de la calidad?

3.2. ¿Qué elementos forman parte del sistema de aseguramiento de la calidad?

3.3. ¿Qué son los costes de la no calidad o no conformidad?

3.4. ¿Cómo se relaciona la calidad con la productividad según el texto?

MAPAS CONCEPTUALES

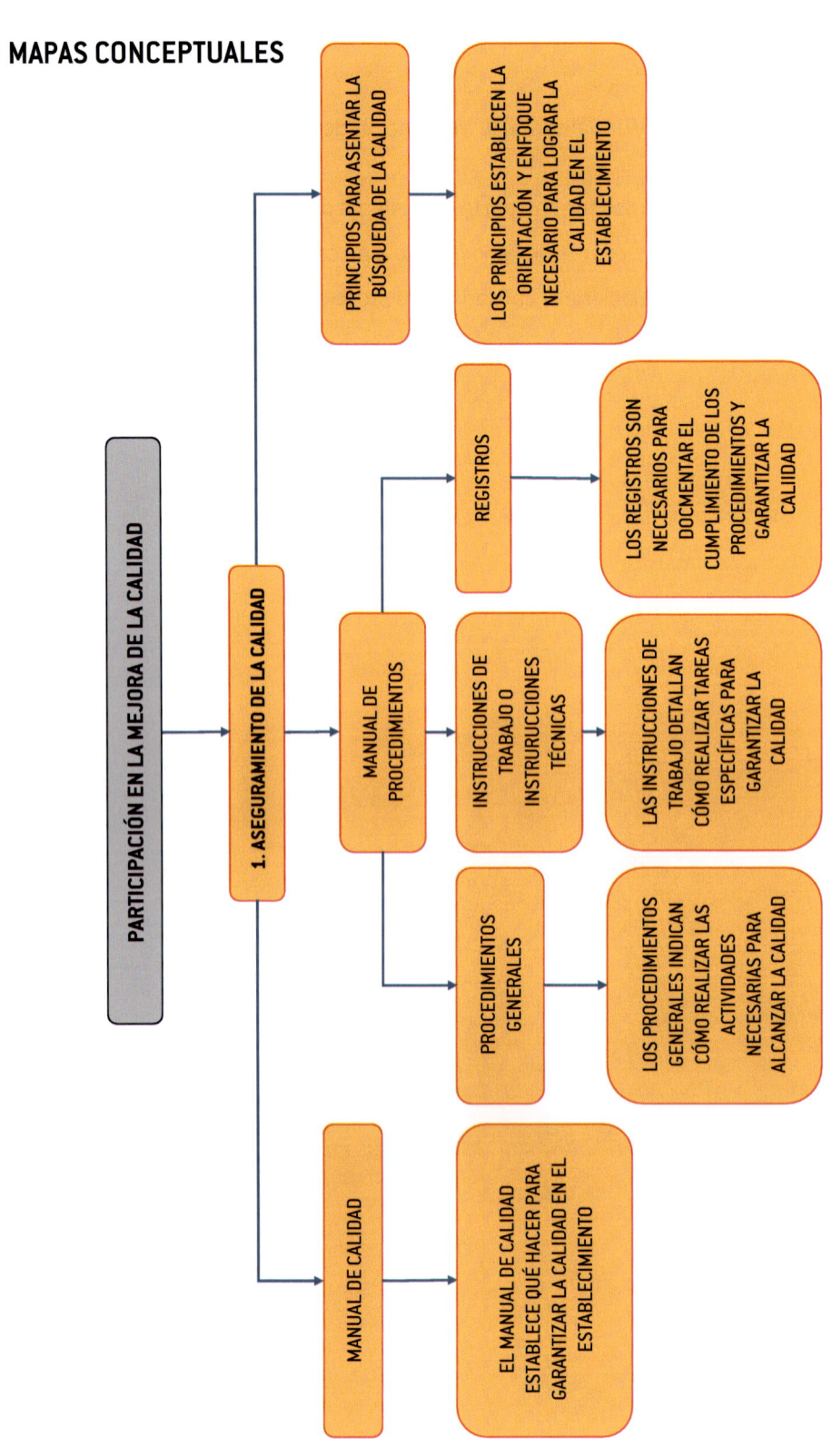

PARTICIPACIÓN EN LA MEJORA DE LA CALIDAD

1. ASEGURAMIENTO DE LA CALIDAD

PRINCIPIOS PARA ASENTAR LA BÚSQUEDA DE LA CALIDAD

LOS PRINCIPIOS ESTABLECEN LA ORIENTACIÓN Y ENFOQUE NECESARIO PARA LOGRAR LA CALIDAD EN EL ESTABLECIMIENTO

REGISTROS

LOS REGISTROS SON NECESARIOS PARA DOCUMENTAR EL CUMPLIMIENTO DE LOS PROCEDIMIENTOS Y GARANTIZAR LA CALIDAD

MANUAL DE PROCEDIMIENTOS

INSTRUCCIONES DE TRABAJO O INSTRURUCCIONES TÉCNICAS

LAS INSTRUCCIONES DE TRABAJO DETALLAN CÓMO REALIZAR TAREAS ESPECÍFICAS PARA GARANTIZAR LA CALIDAD

PROCEDIMIENTOS GENERALES

LOS PROCEDIMIENTOS GENERALES INDICAN CÓMO REALIZAR LAS ACTIVIDADES NECESARIAS PARA ALCANZAR LA CALIDAD

MANUAL DE CALIDAD

EL MANUAL DE CALIDAD ESTABLECE QUÉ HACER PARA GARANTIZAR LA CALIDAD EN EL ESTABLECIMIENTO

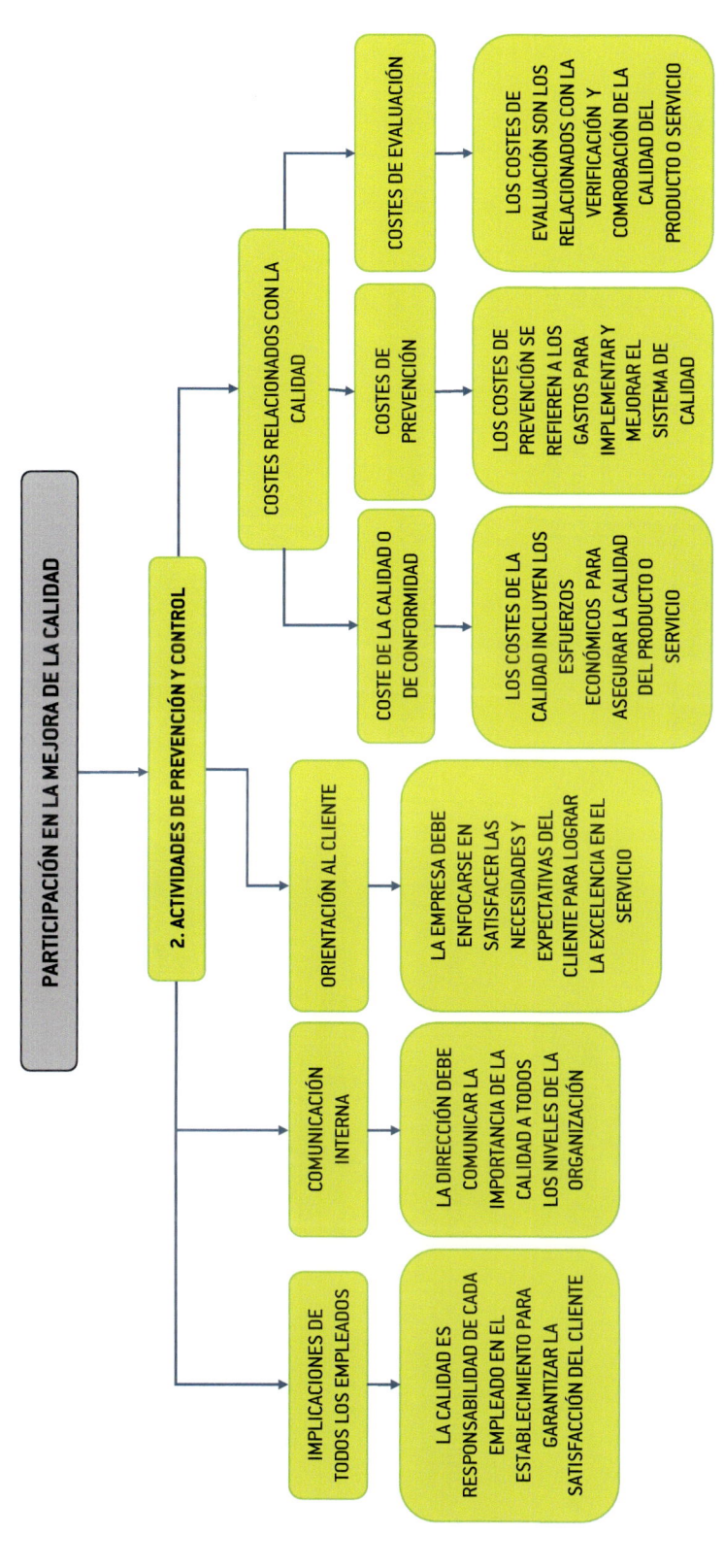

PARTICIPACIÓN EN LA MEJORA DE LA CALIDAD

2. ACTIVIDADES DE PREVENCIÓN Y CONTROL

IMPLICACIONES DE TODOS LOS EMPLEADOS

LA CALIDAD ES RESPONSABILIDAD DE CADA EMPLEADO EN EL ESTABLECIMIENTO PARA GARANTIZAR LA SATISFACCIÓN DEL CLIENTE

COMUNICACIÓN INTERNA

LA DIRECCIÓN DEBE COMUNICAR LA IMPORTANCIA DE LA CALIDAD A TODOS LOS NIVELES DE LA ORGANIZACIÓN

ORIENTACIÓN AL CLIENTE

LA EMPRESA DEBE ENFOCARSE EN SATISFACER LAS NECESIDADES Y EXPECTATIVAS DEL CLIENTE PARA LOGRAR LA EXCELENCIA EN EL SERVICIO

COSTES RELACIONADOS CON LA CALIDAD

COSTE DE LA CALIDAD O DE CONFORMIDAD

LOS COSTES DE LA CALIDAD INCLUYEN LOS ESFUERZOS ECONÓMICOS PARA ASEGURAR LA CALIDAD DEL PRODUCTO O SERVICIO

COSTES DE PREVENCIÓN

LOS COSTES DE PREVENCIÓN SE REFIEREN A LOS GASTOS PARA IMPLEMENTAR Y MEJORAR EL SISTEMA DE CALIDAD

COSTES DE EVALUACIÓN

LOS COSTES DE EVALUACIÓN SON LOS RELACIONADOS CON LA VERIFICACIÓN Y COMROBACIÓN DE LA CALIDAD DEL PRODUCTO O SERVICIO

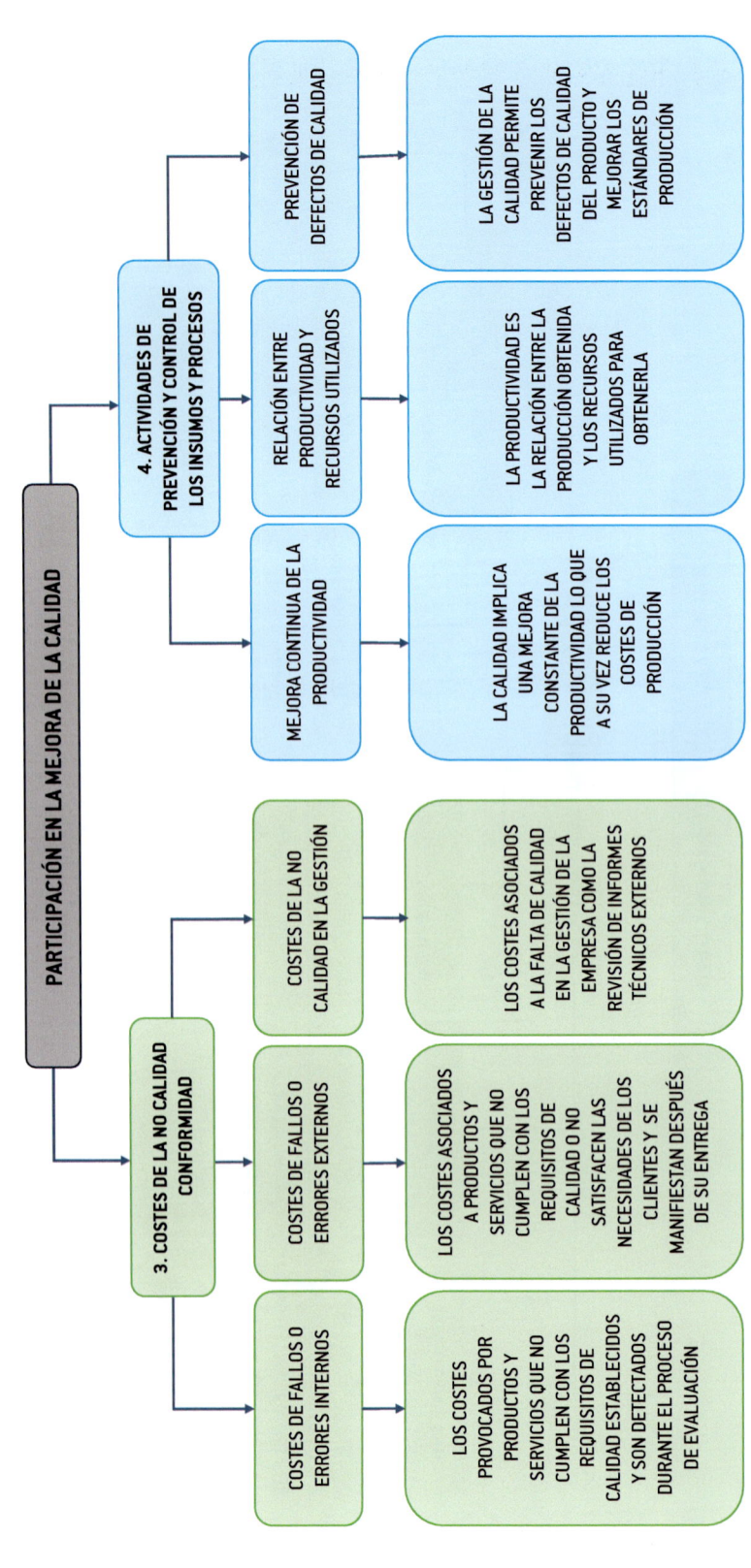

PARTICIPACIÓN EN LA MEJORA DE LA CALIDAD

3. COSTES DE LA NO CALIDAD CONFORMIDAD

COSTES DE FALLOS O ERRORES INTERNOS

LOS COSTES PROVOCADOS POR PRODUCTOS Y SERVICIOS QUE NO CUMPLEN CON LOS REQUISITOS DE CALIDAD ESTABLECIDOS Y SON DETECTADOS DURANTE EL PROCESO DE EVALUACIÓN

COSTES DE FALLOS O ERRORES EXTERNOS

LOS COSTES ASOCIADOS A PRODUCTOS Y SERVICIOS QUE NO CUMPLEN CON LOS REQUISITOS DE CALIDAD O NO SATISFACEN LAS NECESIDADES DE LOS CLIENTES Y SE MANIFIESTAN DESPUÉS DE SU ENTREGA

COSTES DE LA NO CALIDAD EN LA GESTIÓN

LOS COSTES ASOCIADOS A LA FALTA DE CALIDAD EN LA GESTIÓN DE LA EMPRESA COMO LA REVISIÓN DE INFORMES TÉCNICOS EXTERNOS

4. ACTIVIDADES DE PREVENCIÓN Y CONTROL DE LOS INSUMOS Y PROCESOS

MEJORA CONTINUA DE LA PRODUCTIVIDAD

LA CALIDAD IMPLICA UNA MEJORA CONSTANTE DE LA PRODUCTIVIDAD LO QUE A SU VEZ REDUCE LOS COSTES DE PRODUCCIÓN

RELACIÓN ENTRE PRODUCTIVIDAD Y RECURSOS UTILIZADOS

LA PRODUCTIVIDAD ES LA RELACIÓN ENTRE LA PRODUCCIÓN OBTENIDA Y LOS RECURSOS UTILIZADOS PARA OBTENERLA

PREVENCIÓN DE DEFECTOS DE CALIDAD

LA GESTIÓN DE LA CALIDAD PERMITE PREVENIR LOS DEFECTOS DE CALIDAD DEL PRODUCTO Y MEJORAR LOS ESTÁNDARES DE PRODUCCIÓN

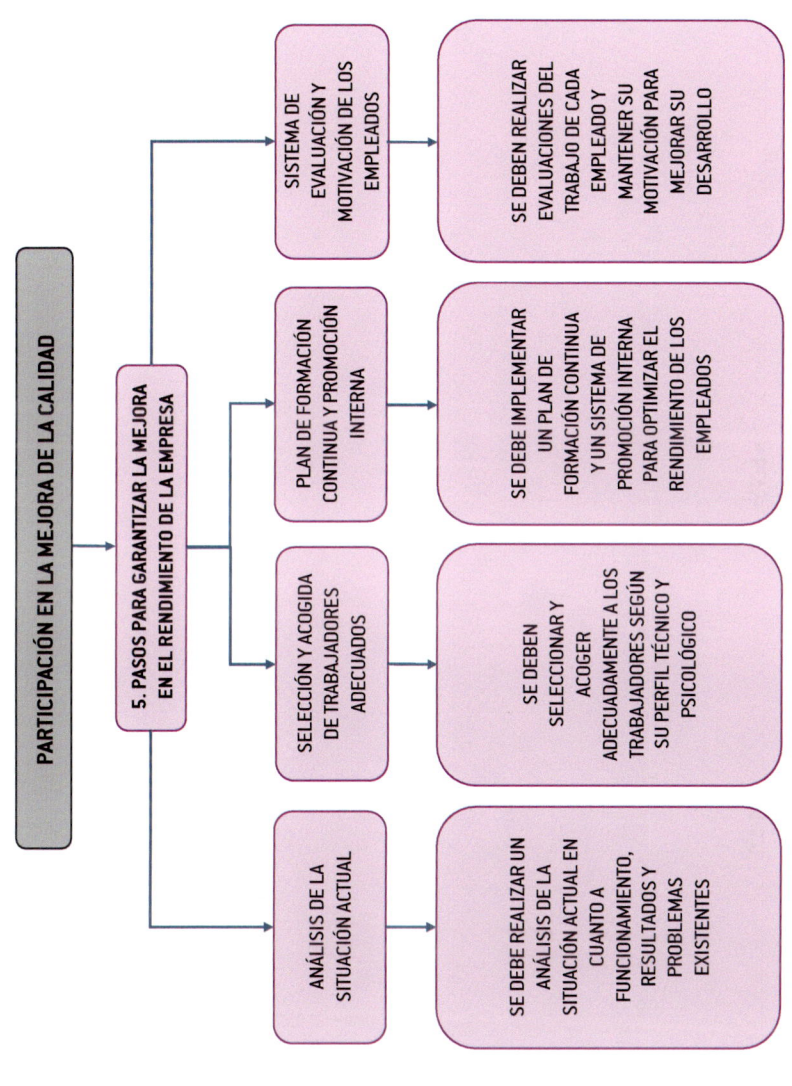

PARTICIPACIÓN EN LA MEJORA DE LA CALIDAD

5. PASOS PARA GARANTIZAR LA MEJORA EN EL RENDIMIENTO DE LA EMPRESA

SISTEMA DE EVALUACIÓN Y MOTIVACIÓN DE LOS EMPLEADOS

SE DEBEN REALIZAR EVALUACIONES DEL TRABAJO DE CADA EMPLEADO Y MANTENER SU MOTIVACIÓN PARA MEJORAR SU DESARROLLO

PLAN DE FORMACIÓN CONTINUA Y PROMOCIÓN INTERNA

SE DEBE IMPLEMENTAR UN PLAN DE FORMACIÓN CONTINUA Y UN SISTEMA DE PROMOCIÓN INTERNA PARA OPTIMIZAR EL RENDIMIENTO DE LOS EMPLEADOS

SELECCIÓN Y ACOGIDA DE TRABAJADORES ADECUADOS

SE DEBEN SELECCIONAR Y ACOGER ADECUADAMENTE A LOS TRABAJADORES SEGÚN SU PERFIL TÉCNICO Y PSICOLÓGICO

ANÁLISIS DE LA SITUACIÓN ACTUAL

SE DEBE REALIZAR UN ANÁLISIS DE LA SITUACIÓN ACTUAL EN CUANTO A FUNCIONAMIENTO, RESULTADOS Y PROBLEMAS EXISTENTES

Anexos

Anexo 1. Ficha de control de tareas

Paraninfo	FICHA DE CONTROL DE TAREAS		
DEPARTAMENTO: RECEPCIÓN	ZONA: BAÑOS CLIENTES	FECHA:	
TAREA			**HECHO**
Vaciar papelera			☐
Limpieza sanitarios			☐
Barrido			☐
Fregado			☐
Azulejos			☐
Puerta			☐
Reponer jabón líquido			☐
Reponer papel higiénico			☐
Reponer papel secamanos			☐
TAREAS REALIZADAS POR:		CONTROL REALIZADO POR:	Nombre y firma

Anexo 1. Ficha de control de tareas

Paraninfo	FICHA DE CONTROL DE TAREAS	
DEPARTAMENTO: HABITACIONES	**ÁREA: DORMITORIO**	**FECHA:**
TAREA		**HECHO**
Cambio ropa de cama		☐
Limpieza del polvo		☐
Barrido		☐
Fregado		☐
Limpieza paredes		☐
Puerta		☐
Limpieza de cuadros y lámparas		☐
Limpieza de cristales		☐
Rejillas aire acondicionado/calefacción		☐
Reposición papelería		☐
TAREAS REALIZADAS POR:	CONTROL REALIZADO POR:	Nombre y firma

Anexo 2. Ficha de consumo de productos

Paraninfo	FICHA DE CONTROL DE CONSUMO DE PRODUCTOS		
DEPARTAMENTO: HABITACIONES	ÁREA: PLANTA 1		FECHA:
PRODUCTO	*Stock* inicial (A)	Entrada (B)	Consumo (C)	*Stock* final (D)
Líquido fregasuelos	30 litros	10 litros	20 litros	20 litros
Desinfectante sanitario	25 litros	5 litros	20 litros	10 litros
Limpiamuebles	10 unidades	3 unidades	2 unidades	11 unidades
Limpiacristales	20 unidades	5 unidades	10 unidades	15 unidades
Limpiador universal	15 unidades	-------	15 unidades	--------
Imprimación atrapapolvo	20 unidades	10 unidades	20 unidades	10 unidades
Limpiador superficies cromadas	25 unidades	25 unidades	20 unidades	30 unidades
Fregonas	10 unidades	5 unidades	3 unidades	12 unidades
Palos fregonas	5 unidades	5 unidades	5 unidades	5 unidades
Cubo	5 unidades	3 unidades	2 unidades	6 unidades
Mopa atrapapolvo	6 unidades	1 unidad	1 unidad	6 unidades
		CONTROL REALIZADO POR:		Nombre y firma

Stock final (D) = *Stock* inicial (A) + Entradas (B) − Consumo (C)

Anexo 3. Hoja de Control de minibares

Paraninfo	HOJA DE CONTROL DE MINIBARES		
HABITACIÓN:		FECHA:	
PRODUCTO	Precio €	Uds. Consumidas	Importe
Botella de agua	2		
Botella de agua con gas	2		
Refresco cola	2,50		
Refresco naranja	2,50		
Refresco limón	2,50		
Seven-Up	2,50		
Cerveza	3		
Cerveza sin alcohol	3		
Ginebra	3,5		
Vino tinto	2,50		
Vino blanco	2,50		
Ron blanco	3,50		
Whisky	3,75		
Cava	3,25		
Chocolatina	2		
Zumo de frutas	2,50		
Frutos secos	2		
		TOTAL	
	Firma:		

Anexo 4. Tarifa de lavandería

Paraninfo	SERVICIO DE LAVANDERÍA					
Nombre cliente:						
Habitación:			**Fecha:**			

TARIFA						
SEÑORAS	Lavado - Planchado	Cantidad	Solo plancha	Cantidad	Lavado en seco	Cantidad
Blusa	5,00		3,00		6,00	
Camiseta	3,00		2,00			
Falda	4,00		2,50		6,00	
Pantalón	4,00		2,50		6,00	
Chaqueta	6,00		4,50		9,00	
Cazadora	6,00		4,50		9,00	
Prenda interior	2,00					
Abrigo	8,00		6,50		12,00	
Pañuelo	2,50		2,00			
Gabardina	8,50		6,50		12,50	
Traje	9,50		7,00		14,00	
Pantalón corto	3,75		2,50			
CABALLEROS	Lavado - Planchado	Cantidad	Solo plancha	Cantidad	Lavado en seco	Cantidad
Camisa	5,00		3,00		6,00	
Pantalón	4,00		2,50		6,00	
Americana	6,00		4,50		9,00	
Cazadora	6,00		4,50		9,00	
Prenda interior	2,00					
Abrigo	8,00		6,50		12,00	
Corbata	4,00		2,50		5,00	
Gabardina	8,50		6,50		12,50	
Pañuelo	2,50		2,00			
Traje	9,50		7,00		14,00	
Pantalón corto	3,75		2,50			
					TOTAL	
	Firma cliente					

Anexo 5. Vale de pedido de materiales

Paraninfo	VALE DE PEDIDO DE MATERIALES			
DEPARTAMENTO: HABITACIONES		FECHA:		
PRODUCTO	CANTIDAD PEDIDA	CANTIDAD DESPACHADA	CON-FORME	Observaciones
Líquido fregasuelos	30 litros	30 litros		Una garrafa vino sin precinto
Desinfectante sanitario	20 litros	20 litros		
Limpiamuebles	10 unidades	10 unidades		Cambio de marca habitual
Limpia cristales	15 unidades	15 unidades		
Limpiador universal	15 unidades	15 unidades		
Imprimación atrapapolvo	20 unidades	20 unidades		
Limpiador superficies cromadas	25 unidades	20 unidades		
Fregonas	10 unidades	3 unidades		
Palos fregonas	5 unidades	5 unidades		
Cubo	5 unidades	2 unidades		
Mopa atrapapolvo	6 unidades	1 unidad		
Nombre y firma				

Anexo 6. Parte de averías

	PARTE DE AVERÍAS
Departamento:	Fecha: Hora:
Lugar de la avería:	
Detalle de la avería:	Firma:
Recibido a las _____ horas del día ____ / ____ / ____ Reparado a las _____ horas del día ____ / ____ / ____ Jefe de Mantenimiento	

Anexo 7. Control de camarera

Paraninfo		CONTROL CAMARERA	
O	Ocupada	ND	No durmió
L	Libre	LG	Limpieza General
SS	Salida Sucia	Bq	Bloqueada
OSE	Ocupada sin equipaje		
HABITACIÓN NÚMERO	**OBSERVACIONES**		**N.º PERSONAS**
101 O	Bombilla mesa de noche izquierda fundida		2
102 L			--
103 L			--
104 SS			--
105 BQ	Escape de agua en lavabo		--
106 O			2+1
107 O			3
108 O			3

Anexo 8. Ficha de control de producto

Paraninfo				FICHA ALMACÉN Nº 100	
PRODUCTO	Detergente neutro Envase: 5 litros	PROVEEDOR		Limpiduc S. A.	
ENTRADA	UNIDADES	SALIDA	UNIDADES	RESPONSABLE	*STOCK* ALMACÉN
15/01/2014	25				25
		18/01/2014	3	María Vaquero	22
		21/01/2014	5	Natalia Barriga	17
31/01/2014	10				27

FICHA *OFFICE* Nº 324					
PRODUCTO	Fregasuelos envase: 5 litros				
ENTRADA	UNIDADES	SALIDA	UNIDADES	RESPONSABLE	*STOCK* ALMACÉN
18/01/2014	3				3
		18/01/2014	2	María Vaquero	1

Anexo 9. Movimiento de artículo

Paraninfo		MOVIMIENTO DE ARTÍCULO	
		DE: ECONOMATO	A: REG. PISOS
FECHA	PRODUCTO	UNIDADES SOLICITADAS	UNIDADES SERVIDAS
15/01/2014	FREGASUELOS	20	25
Entregado:	Firma:	Revisado:	Firma:

ACTIVIDADES DE AUTOEVALUACIÓN

A) ÍTEMS DE DOS OPCIONES.

Seleccione marcando con una X en la casilla según considere que el enunciado es correcto (V) o falso (F).

Nº	ENUNCIADO	V	F
1	Las camareras de pisos son las responsables de mantener en perfecto estado de orden y limpieza las unidades alojativas.	☐	☐
2	En España, las normas que regulan el sector turístico son competencia exclusivamente de las autoridades municipales.	☐	☐
3	Una vivienda vacacional es una vivienda, que amueblada y equipada en condiciones de uso inmediato y reuniendo los requisitos previstos en su Reglamento, es comercializada o promocionada en canales de oferta turística, para ser cedida temporalmente y en su totalidad a terceros, de forma habitual, con fines de alojamiento vacacional y a cambio de un precio.	☐	☐
4	En los organigramas circulares se diseña un gráfico, la unidad organizativa de mayor jerarquía se ubica en el exterior de una serie de círculos concéntricos, cada uno de los cuales representa un nivel distinto de autoridad, que aumenta desde el centro hacia los extremos, y el último círculo, es decir, el más extenso, indica el mayor nivel de jerarquía de autoridad.	☐	☐
5	La limpieza del *hall* y recepción en los hoteles suele realizarse a última hora de la tarde porque es cuando más sucio está todo.	☐	☐

Nº	ENUNCIADO	V	F
6	Las zonas de servicios son zonas a las que el cliente no suele acceder y para uso exclusivo del personal del establecimiento. Entre estas zonas podemos citar: • Oficinas de administración y recursos humanos. • Despacho de dirección. • Oficina de ventas y comercial. • Economato. • Despacho de la gobernanta. • Vestuarios del personal (placares). • Comedor de personal.	☐	☐
7	La limpieza del restaurante es función del personal de restaurante, ya que es este quien lo ensucia.	☐	☐
8	La camarera de pisos —en los hoteles en los que no exista *room service*— será la encargada de revisar y reponer los minibares de la habitación.	☐	☐
9	El subdepartamento de **lavandería** se encarga de proveer de la ropa necesaria para el correcto desarrollo de las tareas en las zonas de habitaciones, restaurante, bares, salones de reuniones...	☐	☐
10	El subdepartamento de **limpieza** se encarga de la limpieza de zonas nobles y de las áreas de servicio.	☐	☐
11	La limpieza es la operación mediante la cual se destruyen los microorganismos, excepto las formas de resistencia, de los fluidos, objetos y superficies o se evita su desarrollo.	☐	☐
12	El inodoro en los hospitales habitualmente se debe limpiar con el paño (microfibra) de color azul.	☐	☐
13	El barrido húmedo es el procedimiento de eliminación de la suciedad del suelo mediante el uso de medios que permiten la adherencia de las partículas evitando su diseminación en el ambiente. Para ello, suelen emplearse mopas húmedas.	☐	☐
14	Realizar las labores propias de lencería y lavandería en combinación con el personal de esa área es una de las tareas de la camarera de pisos.	☐	☐
15	El valet es el empleado del departamento de pisos que se encuentra en la entrada del establecimiento para ayudar a los clientes.	☐	☐

B) ÍTEMS DE RELACIÓN

1) Enlaza correctamente según el tipo de establecimiento del que se trata.

		1	Apartamento
		2	Casa emblemática
A	Establecimientos hoteleros	3	Hotel
		4	Hotel urbano
		5	Villa
B	Establecimientos extrahoteleros	6	Hotel emblemático
		7	Hotel rural
		8	Casa Rural

Tabla de respuestas:

C) ÍTEM DE RESPUESTA BREVE

Defina el concepto solicitado en el espacio facilitado para incluir la respuesta.

1. ¿Cuál es la definición de apartamento?

_____
_____
_____

2. ¿Cómo definiría el organigrama informativo?

_____
_____
_____
_____
_____

3. ¿Cómo definiría el departamento de pisos?

_____
_____
_____
_____
_____
_____
_____

4. ¿Cómo definiría la limpieza de las unidades alojativas dentro del departamento de pisos?

_____
_____
_____
_____
_____
_____

5. Detalle, al menos seis tareas que incluye la limpieza diaria de una habitación por parte de una camarera de pisos en un hotel.

_____
_____
_____
_____
_____
_____
_____
_____
_____
_____
_____
_____
_____
_____
_____
_____
_____

6. ¿Qué es la rotura de *stocks*?

_____

_____

_____

7. Describa en qué consiste el fregado con dos cubos.

_____

_____

_____

_____

_____

_____

_____

_____

_____

_____

_____

_____

_____

_____

_____

_____

_____

_____

_____

8. ¿Considera que la confidencialidad es importante en una camarera de pisos? En caso afirmativo, justifique su respuesta.

_____

_____

_____

_____

_____

_____

_____

_____

_____

_____

_____